표절을 대하는
위험한 질문들

표절을 대하는
위험한 질문들

| 이영호 지음 |

Dangerous Questions on
Plagiarism

책들의정원

표절의 전성시대에 사는
우리가 떠올려야 할 질문

사회가 발달하며 정보가 무한대로 쏟아지고 있다. 게임, 노래, 뮤직비디오, 영화, 광고, 웹툰, 일러스트, 캐릭터 디자인처럼 인간이 창조해낸 콘텐츠의 양 역시 기하급수적으로 늘어나는 추세다. 이와 비례해 표절 논란도 덩달아 증가하고 있다. 표절은 잊을만하면 도지는 우리 사회의 고질적 불치병이라고나 해야 할까?

"제자의 논문을 베낀 대학교수 적발."
"고위 공무원, 유학 시절 논문 표절한 의혹 발생."
"유명 소설가의 작품에서 다른 작가의 문장과 흡사한 표현이 발견되어 논란."

지식인이라고 불리는 일부 사람들이 은밀히 공유하던 비밀이 하나 있었다. 남의 논문을 자기 것처럼 갖다 쓰는 행태다. 심지어 오래 전에 자기가 작성한 연구 결과를 버젓이 새로 발표하는 '재탕'도 나온다. 제자가 스승의 논문을, 스승이 제자의 논문을 따라 쓰다가 신문 사회면을 차지하는 경우도 있었다. 상황이 이러하니 남의 논문에 자기 이름을 '공저자'로 올려달라는 부탁은 애교로 치부될 지경이다. 그 논문의 저자가 누구인지, 원래 주인이 누구인지 그나마 인정했기 때문이다.

표절은 지금도 꾸준히 언론에 회자되는 뉴스거리다. 그런데 여태까지는 지식인 사회의 문제로만 국한되며 끝나는 경우가 대부분이었다. 하지만 남의 창작물을 베끼는 비도덕적 행태는 이제 일부 지식인만의 수치라고 보기 힘들다. 한국이 지식 사회로 발전하며 곳곳에서 '생각'을 훔치는 사례가 발생하고 있지만, 관련 법규가 제대로 뒷받침을 해주지 못하는 것은 아닌지 우려하게 된다.

창작을 생명으로 하는 광고기획자들이 '모티프'를 이용했다는 그럴 듯한 변명을 하며 남의 광고와 유사한 결과물을 내놓는다. (그들은 이를 '한 가지 대상을 바라보는 다른 시각'이라고도 부를 것이다.) 음악가들은 '클리셰'라는 구실을 대며 '일부 특정 멜로디는 일반화된 것이므로 누구나 자기 곡에 샘플링 정도 할 수 있는 것 아니냐'고 항변한다.

모 유명 소설가는 중국의 고전을 기초로 한 작품을 집필하겠다며 미국에 머무는 기염(?)을 토하기도 했다. 중국 고전을 토대로 한 작품을 쓰겠다던 그가 미국에서 참고한 것은 무엇이었을까? 소설의 배경이 되는 곳을 보고 스토리를 구상하려면 현지를 찾아가 그곳의 환경을 작가의 눈으로 살폈어야 하는 것 아닌가? 중국 이야기를 미국에서 쓴다? 두고두고 이해하지 못할 부분이다. 이뿐만 아니다. 독일 유학을 다녀온 저명인사가 있는데, 그는 국내에서 책을 내 좋은 반응을 얻었다. 그런데 이 책은 독일에서 먼저 출간된 도서와 상당 부분 유사하다는 의혹에 휩싸이기도 했다.

한편 국내 미술대전에서 입상한 젊은 화가 역시 다른 이의 작품을 표절한 것이 아니냐는 논란을 불러일으켰다. 방송계는 어떤가. 천재로 불리는 모 PD가 있다. 그는 높은 인지도와 인기를 얻고 있다. 그런데 그의 방송을 보니 어쩐지 익숙한 기분이 들었다. 방송이 나오기 몇 년 전부터 스마트폰 사용자들에게 큰 인기를 얻은 모바일 게임의 콘셉트를 그대로 따다가 TV 브라운관으로 가져왔기 때문이었다. 어쩌면 방송사와 게임 업체가 마케팅 제휴라는 그럴듯한 전략 하에 '짜고 친 콘텐츠'를 만든 것이었을까? 어쨌든 플랫폼만 바뀌었을 뿐이고 콘셉트는 그대로인데 이 프로그램이 왜 이리 인기인지 납득하기 어려워 고개를 갸웃거린 기억이 난다.

하루는 애니메이션을 기획했다며 투자 이야기를 꺼낸 국내 회사의 작품을 보게 되었다. 그러나 당시 일본에서 상영 중이던 만화와 너무도 닮은 모습에, 어쩌면 이렇게 대놓고 표절할 수 있을까 싶어 내 얼굴이 다 화끈거렸다. 이제 표절은 온갖 영역에서 경계를 넘나들며 발생하고 있다. 플랫폼을 뛰어넘어 무단 복제와 자기 복제가 이뤄지고, 아이디어를 서로 베끼기는 상황이 벌어지는 중이다. 이 정도면 바야흐로 온 나라가 표절 전성시대에 진입한 모양새다.

표절을 들키면 문제지만, 들키지만 않으면 괜찮다는 불순한 생각들에 휩싸인 것 아닌가? 물론 표절 논란은 그 자체로도 창작자의 정신적 재산에 대한 권리 보호 측면에서 바람직하지 않은 현상인 것만은 분명하다. 어느 창작자가 오랜 시간 창작하여 만들어낸 노래, 영화, 대본, 논문, 소설 등을 다른 사람이 보고 일부를 쉽게 가져다가 쓰면서도 아무런 제약 없이, 마치 자기 자신의 것인 마냥 사용한다면 어느 창작자가 구태여 창작하려고 할 것인가? (그러나 SNS에서는 마치 자기가 쓴 것처럼 남의 좋은 글을 무단으로 갖다 써서 유명세를 얻는 경우도 비일비재하다.)

재산상 손해는 나중 문제라고 하더라도, 일단은 표절 논란이 생겼다는 것만으로 창작자는 허망함, 낙담, 좌절 등 정신적 피해를 겪게 된다. 출처만 밝힌다고 충분한 것은 아니지만, 최소한의 배려 차원이라고 할 수 있는 '저작권자 표시'조차 제대로 하지 않아서 불거지는 문제가 대부분이니 말이다.

표절을 대하는 위험한 질문들

그렇다면 표절이란 무엇일까? 일반적인 의미의 표절plagiarism, 剽竊[1]이란 남의 창작물의 전부 또는 일부를 원저작자의 허락 없이 자기의 것처럼 사용하는 경우를 말한다. 남의 창작물의 내용을 자신의 창작물에 포함시키면서 마치 자기가 고안해낸 것처럼 출처를 밝히지 않는 경우가 대표적이다. 넓은 의미의 표절을 생각해 본다면 여러 장르가 다변화되면서 표절의 범위도 확대되는 중이라는 것을 알게 된다. 자기의 것이 아닌, 남의 지적재산을 마치 자기가 고안해낸 것처럼 원저작자의 허락 없이 사용하는 모든 행위가 포함될 수 있다는 의미다. 이를테면 이슈 표절, 사상 표절, 아이디어 표절, 기술 표절, 콘셉트 표절 등 지적재산에 관련되어 원저작자를 밝히지 않은 모든 모방과 도용, 차용 행위라고 말할 수 있다.

이슈 표절이란 A가 발견해낸 고대 유물로 인해 학계의 기존 이론이 바뀌게 될 정도로 이슈가 되었을 때, B가 조작한 고대 유물을 다시 발굴해내면서 A의 발견은 아무 것도 아니라며 이슈를 빼앗는 경우를 말한다. A의 발견이 이슈가 된다는 것을 확인하고 똑같거나 더 큰 이슈를 만들어서 자신을 내세우는 경우다. 물론 이슈 표절은 언젠가 조작된 사실이 들통나기 마련인데 이 경우 A의 가치가 더 높아지겠지만 말이다.

사상 표절이란 철학적 사고思考의 표절이라고도 말할 수 있다. 가령, '너 자신을 알라'고 소크라테스가 말했는데 이 말이 사람들에게 호응을 얻자 동시대의 또는 이후 세대의 누군가가 소크라테스를 흉내 내어 말하기를 '자기 자신을 먼저 돌아봐라'고 말하는 경우다. '너 자신을 알라'라는 말과 '자기 스스로를 먼저 돌아봐라'는 말이 서로 다르다고 말할 수 있는가? 이처럼 사상의 표절이란 기본 맥락은 유지한 채 단어 조합만 바꾸어서 등장하는 경우가 대부분이다.

아이디어 표절이란 남의 아이디어를 고스란히 가져다가 이용하는 경우다. 아이디어가 특허등록에 의해 보호받는다는 점을 전제하면 등록되지 않은 아이디어의 표절은 사회적으로 묵인되거나 용납될 우려가 있다는 점에서 그 피해가 더 크다고도 할 수 있다.

기술 표절이란 주로 상업적 이용을 목적으로 하는 경우다. 남의 디자인을 표절하거나 프로그램을 표절하는 경우 등이다. 한편 콘셉트 표절이란 어느 가게에서 고안해낸 인테리어 느낌을 흉내 내는 등의 행위라고 할 수 있다.

이 책에서는 툭하면 불거지는, 끊이지 않는 표절 논란을 이야기한다. 우리가 익히 잘 알고 있는 역사 속 인물의 사례는 물론, 학문이나 예술 등의 분야에서 찾아볼 수 있는 '넓은 의미로서의 표절'까지 다룬다. 또한 이런 각종 사례를 통해서 표절이 생기는 원인과 이유 그리고 표절을 의심하게 되는 경우에 대해 알아보며, 표절과 창작의 경계를 살펴본다. 각 장마다 표절에 관한 질문을 던져서 호기심을 자극하고, 동시에 독자들이 질문에 대한 답을 능동적으로 찾도록 했다. 이 과정에서 우리 모두 표절에 대해 스스로 생각해보고 때로는 판단을 내리는 경험을 할 수 있을 것이다. 이를 통해 창작물을 대하는 태도가 변하는 계기를 가질 수 있게 되기를 바란다.

다만 이슈 표절처럼 법적으로 규정되지 아니한 넓은 의미의 표절 사례까지 폭넓게 조망해보고자 하는 이유는 끊이지 않는 표절 논란의 심각성을 지식인 사회에서부터 미리 주지하기 위함이다. 사회 전반에 혹시라도 표절의 위험성을 간과하는 정서가 뿌리내리지 않도록 하기 위한 목적이라는 것을 다시 한 번 밝혀둔다.

그리고 본문에서 참고한 내용들은 출처를 따로 표기했으며, 역사 속 사례와 최근 사례들을 다루면서도 정사에 기초하여 서술하는 동시에 야사에 등장하는 신빙성 높은 사례들도 일부 참고하여 기술하였다. 또한 이 책의 취지와 주제를 설명하기 위해 인용된 비교적 최근 사례의 경우에는 법적인 최종 판단이 내려지지 않은 경우 등을 고려하여 무명 또는 가명 처리하였음을 알린다.

2016년 가을
이영호

/ 차 례 /

산에 사는 호랑이가
대나무 숲으로 간 까닭은?

일본,
조선의 상징을 훔치다

┃ '호랑이의 문'에서 ┃
저격당한 히로히토

표절 이야기는 호랑이에서 시작된다. 예로부터 동서고금에서는 '나쁜 일을 막는다'는 개념 속에 몹쓸 병에 걸리지 않는 것도 포함시켜왔다. 병은 귀신에 의해 걸린다고 생각했던 아시아권 사람들은 무속신앙에서 믿는 신의 얼굴이나 호랑이의 형상을 그림으로 그려 질병을 막기 위한 상징물로 삼았다.

일례로 사인검四寅劍이 있다. '호랑이'를 뜻하는 인寅 자가 네 번 겹치는 시각, 즉 인년寅年, 인월寅月, 인일寅日, 인시寅時에 만들어진 칼이라 하여 '사인검'이라는 이름이 붙은 이 보검은 주인을 보호하고 귀신을 내쫓는 신비로운 힘을 가진다고 한다. 참고로 인寅 자가 세 번 겹치는 시기에 만든 칼은 삼인검이라고 부른다.

그런데 호랑이는 한국과 중국, 일본에서 조금씩 다른 이미지로 존재한다. 일단 시베리아 호랑이와 백두산 호랑이는 들어봤지만, 일본 호랑이는 낯설지 않은가? 우리가 잘 모르고 있던 일본의 호랑이에 대해 알아보자.

'늦지는 않았겠지?'

도라노몬虎ノ門 지하철역을 찾아가며 발걸음을 재촉하던 나는 속으로 외쳤다. 도라노몬을 우리말로 풀이하면 '호랑이의 문'이다. 이곳을 지날 때면 떠오르는 역사 속 일화가 있다. 역 이름의 유래에 대해 궁금해하던 나는 '호랑이가 자주 출몰하던 지역이라서 그런가' 하고 내심 혼자 결론을 짓고 있었는데, 마침 그 무렵 듣게 된 스토리다.

시간을 거슬러 올라가 1923년 12월 27일, 이곳 도라노몬에서 사건이 벌어진다. 히로히토裕仁 일본 왕이 난바 다이스케難波大助의 저격을 받은 것이다. 발사된 총알은 차량의 유리창을 부수고 들어가 히토히토의 옆을 지나서 차에 함께 타고 있던 다른 이에게 총상을 입혔다.

사건의 배경은 자세히 드러나지 않았지만, 당시 한 가지 기이한 상황이 벌어졌다. 왕을 보러 거리에 운집했던 사람들이 저격범을 못매질하기 시작한 것이다. 왕의 경호를 위해 나와있던 순사지금의 경찰들이 오히려 이 인파를 막고 범인을 지켜줘야 하는 장면이 일어났다. 분노한 사람들 때문에 오히려 범인을 잡을 수 없게 된 순사들의 표정이 어땠을까 생각해보면 당황스러웠을 그들의 기분이 이해된다.

'오쿠라大倉 호텔이 어디에 있지?'

도라노몬 역에서 특허청사무소 쪽 출구로 빠져나오며 생각했다. 미리 위치를 살펴놓았기에 출구를 찾는 것은 어렵지 않았는데 그 다음이 문제였다. 구불구불한 오거리에서 아무리 지도를 봐도 내 위치를 가늠하기가 쉽지 않았다. 방향 감각을 찾느라 애쓰며 느낌이 오는 곳을 향해 '이쪽이 맞을 거야'라는 말만 되뇌며 발걸음을 뗐다.

얼마쯤 걸었을까? 길 우측에 우리은행 도쿄지사가 보인다. 일본 거리에서 마주친 한글 간판이 이토록 반가울 줄이야. 그 순간 어깨에 힘을 주며 누가 봐도 의기양양한 표정을 지었다. 아마도 낯선 일본 땅에서 말이 통하는 지원군을 만났다는 든든함 때문이 아니었을까. 길을 찾지 못해도 물어볼 사람이 생겼다는 안도감에 마음이 놓였다.

우리은행을 가로질러 조금 더 걸어가자 병원이 하나 보였다. 그 앞 길 건너에서 특허청 빌딩과 변리사회관이 보이는 순간, 제대로 찾아가는 중이라는 직감이 들었다. 분명 여기 어디쯤이라는 것을 지도에서 확인했던 기억이 살아났다. 도로를 가로질러 병원을 끼고 우회전했다. 이어서 오르막길을 걷자 미국대사관이 나온다. 여기까지 왔는데 마땅한 표지판도 없고 어디로 가야할지 난감해 주위 사람을 붙잡고 물어보려고 할 즈음, 바로 맞은편에 담쟁이넝쿨이 뒤덮인 초록색 담벼락이 보인다. 그 옆으로 눈에 들어오는 일본어. 오쿠라 호텔의 간판이다. 얼마나 걸었을까. 도쿄 시내를 걷던 나는 갈아타야 할 지하철역 표지판을 확인하고 발걸음을 서둘렀다.

시간은 다시 흘러 현재. 일본 왕을 저격한 사건이 일어난 도라노몬 지역에 집중하자. 1923년에 일어난 이 사건은 지금으로부터 90년도 더 지난 일이다. 일본인들의 절대적 지지를 받고 있던 왕이 같은 일본인에게 저격을 받았던 큰 사건이 벌어진 곳이라 이 지역은 내게 역사적 장소로 인식된다. 여기서 더욱 궁금한 부분은 바로 도라노몬이란 지역 이름이 그 사건과 연계해서 어떤 의미가 있을까 하는 점이다. '호랑이의 문'이라는 이름에서 의미를 찾자면, 히로히토 왕이 호랑이였던 것일까? 아니면 난바 다이스케가 호랑이였을까? 이에 대한 답은 일본인에게 호랑이가 어떤 상징으로 받아들여지느냐에 따라 달라질 것이다.

사실 이는 결론을 내리기 쉽지 않은 문제다. 일본에서 호랑이라는 동물이 가지는 이미지에는 긍정과 부정의 의미가 공존한다. 예를 들어 일본 프로야구단 중 하나인 한신 타이거즈阪神タイガース의 상

징은 호랑이다. 이는 용맹함을 나타낸 것이니 긍정의 의미로 생각된다. 반면 임진왜란 당시 일본군의 선봉장이었던 가토 기요마사加藤清正가 그려진 그림을 보자. 여기에서 나타난 호랑이[2, 3, 4]는 무사에게 퇴치당하는 나쁜 짐승으로 표현된다. 여러 글과 그림에서 그의 취미가 호랑이 사냥이었다는 내용을 찾을 수 있는데, 무장의 용맹함을 내세우려는 의도에서 다소 과장을 섞어 기록했다는 느낌이 들기는 한다.

이뿐만 아니다. 일본의 전통 회화에서 나타나는 문양을 보면 호랑이는 용龍을 넘어서는 나쁜 동물로 묘사되고는 한다. 하지만 또 다른 그림에서는 긍정의 의미를 부여하기도 한다. 가령 중국 당나라에서 유래한 요괴인 '종규鐘馗, 민간신앙에서 악귀를 물리친다고 알려진 일종의 신' 그림이 그렇다. 종규는 일본 그림에서는 일본식 갑옷을 입고 자주 등장한다. 이때 이 요괴가 타고 나오는 동물이 바로 호랑이다. 요괴가 타고 다니는 동물이라니, 호랑이에 대한 일본인의 인식이 긍정과 부정 중어떠한 쪽인지 헷갈리는 부분이다. 일본에서 종규는 이를테면 착한 요괴라고나 해야 할까, 요괴이기는 하지만 액을 막아주는 좋은 존재로 그려진다. 그래도 요괴와 같이 다니는 동물로 묘사된다니, 일본인들에게 호랑이는 '평소 대하기 힘든 상대', '범접하기 어려운 동물'의 이미지가 강한 것으로 보인다. 그래서인지 제2차 세계대전 중일본 전투기 가운데는 '종규'라고 불리는 기체가 있었다. 당시 일본군에게는 그들과 맞서 싸우는 영국과 미국 등의 연합군이 적이었을

산에 사는 호랑이가 대나무 숲으로 간 까닭은?

텐데, 그들을 귀신이나 짐승 등으로 격하시켜 부르며 호전의식을 고취하려던 일본군 수뇌부가 전투기 이름을 종규로 지어 대적하고자 한 것은 아니었을까?

바람을 다스리는 호랑이

그런데 황당한 사실이 있다. 일본인들에게 호랑이가 어떤 의미를 지니는 상징인지 고민하는 것 자체를 단숨에 날려버릴 만한 이야기다.

"일본에는 호랑이가 살지 않았을 텐데?"

역사적으로나 자연적으로나 일본에는 호랑이가 살지 않았다. 그런데 어떻게 해서 일본에 '도라노몬'이라는 지명이 생긴 것일까? 한국이라면 이해가 된다. 호환虎患이 잦았던 지역쯤으로 이해하면 될 문제니 말이다. 하지만 호랑이가 없는 일본 땅의 지명이 '호랑이의 문'으로 정해진 데는 어떤 이유가 있지 않을까? 더구나 일본의 고서화에 등장하는 호랑이들은 도대체 어디서 온 것이란 말인가?

이에 대한 해답은 일본의 역사 속에서 호랑이가 가지는 상징적 의미를 알게 되면 조금 이해가 쉽다. 먼저 일본의 그림 〈죽호도竹虎圖〉를 찾아보자. 말 그대로 대나무와 호랑이를 그린 그림이다. 그런데 뭔가 어색하지 않은가? 대나무 숲에 호랑이가 산다? 일본 호랑이는 대나무 숲에서 사는가? 아니다. 빽빽한 대나무 숲에서 호랑이가 생존할 방법은 많지 않다. 호랑이는 대나무 숲에서 살아가는 동물이 아니다. 그런데 왜 대나무와 호랑이가 한 폭의 그림으로 함께 그려진 것일까?

죽호도에 그려진 호랑이는 천수각天守閣 외벽에서도 볼 수 있다. 천수각은 '천수대天守台'라고 부르는 석벽 위에 지어진 일본의 고성古城으로, 성에서 가장 크고 높은 곳을 가리킨다. 예를 들어, 오사카 성大阪城이라고 하면 주변 해자 안의 모든 영역을 다 포함하는 것이고, 오사카 성의 천수각이라고 하면 성 안쪽 영역에서 가장 크고 높은 누각을 가리키는 것이다. 여기서 해자란 성의 주위에 파서 만든 구덩이를 말하는데, 동물이나 외부인 혹은 적의 침입을 막기 위해 만든 시설로 물을 채워 못으로 조성한 경우가 대부분이다.

"중국식 표현 중에 거짓말도 자꾸 하면 진실이 된다는 의미로 '대나무 숲에 호랑이가 나온다'는 말이 있는데?"

이에 대해 생각해보자면《시경詩經》,《서경書經》과 함께 중국의 유교 삼경 중 하나로 꼽히는《역경易經, 세상의 원리를 담았다는 책으로 주역(周易)이라고도 불림》에 등장하는 문구 '풍호風虎'에 대해 먼저 알아야 할 필요가 있다. 이 문구는 '운룡雲龍'이라는 말과 함께 사용되는데, 그 의미를 풀어보자면 '용은 구름을 다스리고 호랑이는 바람을 다스린다'는 뜻이다. 온달 장군에게 평강공주가 필요하듯이 왕과 신하의 궁합이 잘 맞아야 한다는 점을 보여준다. 운룡과 풍호에 나오는 용과 호랑이는 모두 '왕'을 뜻한다. 임금을 용에 비유하자면 신하는 구름이 되어야 하고, 임금이 호랑이라면 신하는 바람이 되어 불어야 한다는 의미다.

그런데 그림을 그려야 하는 화가 입장은 조금 다르지 않았을까? 호랑이와 바람을 같이 표현해야 하는 그들의 시각에서 눈에 보이지 않는 공기의 흐름을 그리는 것은 문제가 되었을 것이다. 결국 대나무 잎이 흩날리는 모습을 통해 이를 표현하고자 했다는 추측이 제일 그럴듯하다. 호랑이와 대나무가 한 폭의 그림에 같이 등장하게 된 이유다.

그럼 호랑이가 살지도 않는 일본에서 이런 그림이 유행하게 된 까닭은 무엇일까? 그 이유는 시대적 필요성에서 찾을 수 있다. 중국이나 한국^{당시 조선}은 유교 국가였기 때문에 임금과 신하의 관계를 굳이 강조할 필요가 없었다. 그런데 〈죽호도〉가 유행하던 무렵의 일본은 100년이나 이어지던 전국시대를 도요토미 히데요시豊臣秀吉가 등장해 통일한 시기였다. 이른바 군신 관계, 즉 임금과 신하의 관계를 정립해야 할 필요성이 컸던 때라는 뜻이다.

일본의 고서화 속에 일본에는 살지도 않았던 호랑이가 등장하게 된 이유로 충분하지 않은가? 이를테면 일본 화가들이 중국과 한국의 호랑이 그림을 베끼게 되었다는 것이다. 당시 일본 땅에 권력 투쟁의 시기가 불어닥쳤고, '신하는 당대의 권력자를 배신하지 않아야 한다'고 말해야 하는 시대적 필요성이 발생했다. 그러자 군신 관계를 구축하기 위해 호랑이를 화폭에 그려넣을 수밖에 없었다.

그렇다고는 해도 표절은 표절이다. 흉내 내어 그리기 시작하고, 자기의 것이 아닌 것을 가져다 그리기 시작하며, 상징성을 모방해서 이용하는 것 모두가 표절의 사례에 해당되는 요소 아닌가. 초창기 일본의 고서화에 등장한 호랑이는 온화하고 익살스런 표정이었는데 비해, 후대에 이르면서부터는 사나운 얼굴로 변하게 된 이유도 여기에서 찾을 수 있다. 이 무렵 일본에서 군국주의가 시작되고 있었다는 사실이 어색하지 않다.

"표절이라고 한다면 그에 비견되는 호랑이 그림이 있어야 하지 않은가? 중국이나 조선에서도 이러한 그림이 발견되어야 한다."

물론이다. 조선에서는 단원 김홍도金弘道가 그린 〈송하맹호도松下猛虎圖〉가 대표적이라고 하겠으며, 까치와 호랑이를 같이 그린 〈호작도虎鵲圖〉도 있다. 시기적으로 이보다 더 앞서는 그림도 존재했는데, 15세기경 조선에서 그려진 이상좌李上佐의 〈맹호도猛虎圖〉, 국립진주박물관에 소장되어 있는 〈친자호도親子虎圖. 고운(高雲)이 그렸다는 설이 있음〉 등이다.

여기까지만 보더라도 어찌되었건 호랑이 그림에 있어서 일본보다는 조선이 앞섰던 것이 분명하지 않은가? 더구나 조선에서 통신사를 보내어 일본에 문물을 전해주던 시기가 되어서야 비로소 호랑이 그림을 접하게 된 일본에는 실제로 18세기 무렵까지 호랑이가 살지 않았으니 이 추측은 더욱 힘을 얻는다. 일본은 일제강점기 시절 조선총독부를 통해 한국의 호랑이를 멸종[5]시킨 일까지 있다. 이래저래 자국에 없는 호랑이를 부러워했던 것 아닐까?

니체는
쇼펜하우어의
복제품인가?

생각의 범위가
사상을 만든다

이세돌이 같은 수를
한 번 더 뒀다면

"또 표절이야!"

"표절을 하다니!"

"표절? 그게 뭐? 하늘 아래 새로운 게 어디 있다고 그래?"

표절 논란이 불거지면 사람들에게서는 다양한 반응이 나온다. 그중 적지 않은 수가 이런 생각을 한다.

"그건 누구나 생각할 수 있는 평범한 발상 아냐?"

"그거 말고는 다른 방법이 없잖아?"

"원작자가 있을 수 없는데? 자기가 먼저 생각하면 자기 거라고 주장하는 식이구만. 나도 그런 생각을 할 수 있는 것이고, 생각은 자유 아냐?"

니체는 쇼펜하우어의 복제품인가?

이들이 말하는 것은 '경우의 수' 문제다. 어떤 분야에서 표절 논란이 일어났을 때, 창작물의 다양성을 보장할 수 있는 경우의 수가 한정되는 상황이라면 창작의 결과물에는 어느 시점을 기준으로 필연적인 유사성이 존재할 수밖에 없다는 것이다. 어차피 하다 보면 누구나 같은 생각을 떠올릴 수 있는 것인데, 표절이니 뭐니 해서 귀찮게 만들지 말라는 핀잔을 주기도 한다.

예를 들어보자. 세 명의 학생이 두 개의 방 앞에 서 있다. 첫 번째 방에는 쌀밥, 고기, 김치, 수저를 가져다 놓았다. 이제 학생들에게 한 명씩 그 방에 들어가게 하자. 그리고 오늘 식사를 할 때 꼭 필요한 재료를 한 가지만 골라서 다음 방으로 가져가라고 해보자. 재료를 고를 때는 세 명 모두 토의 없이 개별적으로 각각 선택해야 하지만, 식사를 할 때는 세 사람이 가져온 재료를 한 곳에 모아 함께 먹을 수 있다. 첫 번째 방에 제일 처음 들어간 학생이 쌀밥을 가져갔다고 해서 두 번째 학생이 들어갔을 때는 밥이 없다는 것이 아니다. 모든 재료는 언제나 그대로 마련되어 있다. 동일한 조건에서 선택할 수 있게 하는 조건이다. 어떤 일이 생길까? 세 명의 학생은 각각 쌀밥과 고기, 수저를 골고루 챙길 수 있을까?

여러 그룹을 대상으로 실험해보면 매번 결과는 크게 다르지 않다는 것을 알 수 있다. 학생들은 너 나 할 것 없이 쌀밥을 고르려고 했다. '식사에 필수적인 재료'라는 주제를 생각하다보니 밥을 떠올릴 수밖에 없기 때문이다.

표절을 옹호하는 일부 사람들은 이처럼 '한정된 경우의 수 안에서는 어쩔 수 없이 필연적으로 유사한 결과가 생길 수 있다'고 논리를 펼친다. 이른바 '생각의 범위'가 제한받기 때문이다. 생각의 범위가 제한받는다는 것은 평소 흠모하고 존경하던 사람에게 영향을 받아 어느 순간부터는 그 사람을 닮아간다는 말과 같다. 제자가 스승을 닮는 일도 마찬가지다. 행동반경과 생각의 범위가 정해지고, 학습 경로가 단일화되면 어떤 창작을 하든지 유사한 결과가 나오는 순간이 분명히 발생한다는 뜻이다.

그런데 정말 그럴까? 생각의 범위가 일정 영역 내에서 제한받는다고 해서 모든 사람이 같은 생각을 하는 것은 아니다. 좁은 범위로 제한되었다고는 하지만 생각의 범위는 무제한이기 때문이다. 생각의 범위가 제한되므로 어차피 같은 결과가 나올 수밖에 없다고 주장하는 사람들은 스스로 생각하지 않고 남의 것을 표절하려는 의도를 지녔다고 보는 이유가 여기에 있다.

경우의 수가 무한하다는 바둑을 예로 들어보자. 정말 바둑은 무한대의 수를 가질까? 최소한 산술적으로는 아니다. 바둑은 바둑판 위에서 펼쳐지는 흑돌과 백돌의 승부다. 바둑을 가리키는 명칭이 나라마다 다르다는 사실을 아는가? 누구나 쉽게 규칙을 익힐 수 있는 반면 알면 알수록 심오한 게임이라는 평을 듣는 바둑은 중국에서는 '웨이치囲棋', 일본에서는 '고碁'라고 불린다. 영어권 국가에서는 '바둑baduk' 또는 '웨이치weiqi'라고도 하지만 역시 '고go'라고도 칭한다. 2016년 3월 한국의 이세돌 9단에 맞선 '알파고AlphaGo'의 이름 중 '고Go'가 바로 바둑을 일컫는, 일본어에서 유래한 표현 '고'가 되겠다. 이를 테면 인공지능 알파고 대신 '알파바둑'이란 이름을 가진 시스템이었을 뿐이다. 우스개지만 바둑의 '고Go'가 영어 단어 'go가다'와 헷갈리지 않느냐고 물을 수도 있다. 맞다. 영어권에는 이 동음이의어를 인용한 개그도 있다. 그래서 많은 사람이 의미 혼동을 피해 '바둑' 또는 '웨이치'라고 부르기도 한다.

조금 더 알아보자. 바둑은 가로세로로 줄을 19개씩 그어놓고 각각의 선이 만나는 지점에 흰색과 검은색의 돌을 두어 '집영역'을 얼마나 많이 얻었는지로 승부를 가르는 게임이다. 가로선과 세로선의 교차점은 총 361개다. '19×19'의 결과다. 그런데 하나의 교차점이 가지는 경우의 수는 흑돌과 백돌 그리고 빈칸이므로 모두 3가지라 할 수 있다. 그러니 바둑 게임에서 가능한 모든 경우의 수는 '3의 361제곱'이다. 3의 361제곱은 작은 값이 아니다. 이는 10의 172제곱과 비슷한 값이다. 동그라미가 6개만 있어도 백만1,000,000인데 동그라미가 172개라면 얼마나 큰 수이겠는가?

이론상으로 따져보자. 이 많은 경우의 수를 모두 모아서 저장해둔

컴퓨터가 있다면 상대가 누구든지 간에 100전 100승의 승부를 펼칠 수 있다. 상대방의 패가 하나씩 드러나는 모든 과정을 하나의 이미지로 기억하는 프로그램 함수로 인식하고, 컴퓨터는 항상 '이기는 패'를 두면 되기 때문이다. 물론 그러려면 그 전에 '이기는 패를 선택하라'는 명령을 내려야 한다. 만일 프로그램을 설정하는 사람이 기계에게 '패하라'고 입력한다면 기계가 질 수도 있다는 점을 함께 알아두자.

이토록 엄청난 경우의 수를 모두 꿰고 있는 프로그램이 백전백승을 한다? 가능할 듯하지만 의외로 쉽지 않다. 그 이유는 모든 경우의 수를 저장하기란 불가능하고 바둑 경기가 진행되는 경우의 수는 거의 무한대에 가깝기 때문이다. 경우의 수가 제한적이지만 실제 생각의 범위는 무한하다는 증거다. 바둑에서처럼 산술적인 계산에 따른 경우의 수는 분명 존재하지만, 어느 돌을 어디에 놓을 것인가 하는 '게임 진행에 대한 경우의 수'까지 고려한다면 무한대가 된다는 의미다. 사고할 수 있는 범위가 제한적이어도 실제 생각은 무한대라는 것이 증명된다.

다만 한 가지 알아둘 것이 있다. 바둑의 모든 경우의 수 안에서는 누구와 어떤 바둑을 두든지 간에 동일한 패가 나올 수 있다는 사실이다. 바둑을 두는 사람들이 절묘한 수를 복기하고 반복하는 이유가 여기에 있다. 경우의 수가 크기는 하지만 유한하기 때문이다. 다른 이야기로, 한정된 경우의 수 안에서는 어느 순간에 있어서만큼은 비의도적 유사성이 드러날 수밖에 없다고 보는데, 그 원인이 이것이다. 같은 수를 반복할 수도 있다는 점이다. 물론, 이러한 경우라도 생각의 범위가 무제한이라는 사실을 반박하지는 못한다.

일례로 알파고는 바둑 경기에서 한 수 한 수가 진행될 때마다 '남은 공간 검색' 및 '이기는 수를 두기'라는 대응 함수를 적용하면서 게임을 한 셈이다. 처음보다 바둑판 위에 남은 공간이 줄어들수록 알파고의 연산이 빨라졌던 이유다. 그래서 말인데, 4국에서 알파고를 이겼던 이세돌이 5국에서도 4국과 똑같은 수를 두었다면 어떤 결과가 나왔을까? 이기는 경우의 수를 그대로 똑같이 사용했다면 마지막 5국도 승리하지 않았을까? 알파고가 인공지능이었다면 자신의 패를 경험상 인지하고 이전과 다른 수를 두려고 했을 것이 분명하다. 그렇지 않고 단순 프로그램이었다면 4국에서와 마찬가지로 동일한 수를 반복하다가 결국 바둑판에 바둑돌을 던졌을 것이라고 봐야 한다.

바흐와 헨델, 두 거장의 표절 논란

이번에는 음악에서 경우의 수를 고려하며 표절에 대해 생각해보자. 도, 레, 미, 파, 솔, 라, 시 및 다섯 개의 반음을 포함해서 모두 열두 개의 음계로만 멜로디를 만들어야 하는 음악 역시 그 경우의 수가 적지는 않지만 분명히 한정되어 있다. 그래서일까? 유럽 교향곡의 천재로 불리는 '음악의 아버지' 요한 제바스티안 바흐Johann Sebastian Bach와 '음악의 어머니' 게오르크 프리드리히 헨델Georg Friedrich Händel에게도 표절 논란은 항시 존재하는 문젯거리였다.

다른 이도 아니고, 바흐와 헨델이 표절을 했다니? 이래저래 명성에 금이 갈 만한 충격적 사실이 아닌가? 매번 비슷한 스타일로 작곡할 수도 없는 노릇이고, 새로움을 주고 천재성을 부각시켜야 하는 입장에서는 더더욱 창작이라는 과정이 힘들었을 것이 분명하다. 이런 생각도 가능했다. '바흐나 헨델이 먼저 작곡하지 않았다 뿐이지, 다른 작곡가가 아니었더라도 언젠가는 바흐나 헨델이 그 곡을 만들 수 있지 않았을까?' 같은 이유에서는 아니지만, 바흐는 그래도 표절 논란에서 빼줘야 하지 않느냐고 의문을 제기하는 사람도 있다. 음악의 아버지라고 불리는 그가 바로 근대 음악 이후에 사용되는 '코드chord, 높이가 다른 여러 음을 동시에 울리게 했을 때 생기는 소리로, 화음이라고도 부름'[6, 7]를 만든 사람이어서 그렇다는 것이다.

다른 이유도 있다. 바흐의 곡 〈4대의 클라비어를 위한 협주곡 a단조 BWV 1065Concerto for 4 Claviers and Orchestra in a minor, BWV 1065〉와 안토니오 비발디Antonio Vivaldi의 곡 〈화성의 영감, Op.3-10L'Estro Armonico Op.3-10〉을 비교해보자. 거의 흡사하다고 느끼게 된다. 하지만 바흐나 비

발디가 살았던 당시에는 이런 일이 합법적이었다. 바흐가 작곡을 하면서 다른 이의 곡을 가져다가 편곡만 하고는 자기 이름으로 내놓았던 것이 당시로는 불법이 아니었다는 이야기다. 대부분의 사람들이 바흐를 표절 논란에 끼우지 않아도 된다는 생각을 하는 이유다. 음악의 아버지라고 불리던 바흐가 다른 작곡가의 곡을 가져다가 쓰고도 표절 논란에서 자유로울 수 있는 이유가 여기에 있다. 당시에는 시대적으로 허용[8]되는 일이었다는 것이다.

헨델도 만만치 않다. 헨델[9]이 표절 논란의 최고봉에 속해있다는 데 이의를 제기하는 사람은 드물다. 그는 다른 작곡가들의 멜로디를 여러 번 가져다 써놓고는 '그 곡이 괜찮아서 내 이름을 붙였을 뿐'이라고 대놓고 말하던 사람이다. 서양 음악사를 보면 당시에는 다른 곡의 일부를 차용해서 자기 곡에 사용하는 것이 일정 부분 허용되었는데, 이 사실이 헨델의 목소리에 힘을 실어주기도 한다. 헨델의 주장대로라면, 잘 알려진 멜로디를 여러 곡에 사용해서 대중성을 얻게 하기 위함이었다고나 할까? 물론 어느 누구의 멜로디를 가져왔는지, 그 출처를 기재해야 했던 것은 물론이지만 말이다. 게다가 자기 곡이 헨델의 멜로디에 포함되어 '원곡'으로 출처에 기록된 작곡가는 다른 이들로부터 존경받는 부러움의 대상이 되기도 했다는 사실을 볼 때, 당시의 사회적 분위기를 짐작할 만하다. 그러니 헨델의 이름을 표절 논란에 올리기도 쉽지 않을 수밖에.

이뿐만 아니라, 19세기경에 이르러서는 다른 작곡가의 곡을 가져다가 다시 작곡하는 방식이 유행처럼 번지기도 했다. 'ㅇㅇㅇ 변주곡'이라는 곡명을 사용하면서 원저작자 이름을 밝히면 합법의 울타리 안에서 허용될 수 있었다. 물론 요즘의 음반 시장에서라면 단순히 이름을 밝히는 것만으로 부족하다. 해당 곡의 원작자에게 사용 여부를 두고 승인을 받아야 하는 것이 당연하다. 지금이라면 논란이 되었을 법한 행위지만, 시대에 따라 표절을 판단하는 기준이 달라져 왔다는 것도 엄연한 사실 아닌가.

바흐의 협주곡에서 온 비틀즈의 히트곡

현대 대중음악으로 넘어와보자. 비틀즈The Beatles의 멤버였던 조지 해리슨George Harrison이 1970년에 발표한 〈마이 스위트 로드My Sweet Lord〉가 표절 논란에 휩싸인 바 있다. 여성 그룹인 쉬퐁스The Chiffons가 1963년 내놓은 〈히즈 소 파인He's So Fine〉이라는 노래와 닮았다는 것이다. 결국 법원에서 그 유사성이 인정[10]되었고 배상금을 지불하며 사건이 마무리되었다. 이 경우는 물론 '저작권 침해가 인정되어 배상 청구가 받아들여진 것'으로 보이는데, 저작권 침해를 논할 때는 고의적이었건 고의적이지 않았건 간에 상관없이 결과를 판단한다.

해당 소송이 진행되는 도중 해리슨은 '비고의적인 단순 기억에 의한 결과'라고 주장한 적이 있으며, 에드윈 호킨스 싱어즈The Edwin Hawkins Singers의 곡 〈오 해피 데이Oh Happy Day〉를 듣고 작곡했다는 설명을 붙이기도 했지만 소송에서 지고 말았다. 표절 논란이나 저작권 침해 여부를 판단할 때는 '잠재의식적 표절subconscious plagiarism'이라는 기준이 적용되는 사실을 몰랐던 모양이다. 이처럼 의도적이든 그렇지 않든, 유한한 경우의 수를 갖는 음악 분야 역시 어느 시점을 기준으로는 유사한 창작물이 나올 수밖에 없는 여건을 가지고 있다고 봐야 하는 것이 아닐까?

누가 누구의 음악을 모방했다거나 곡이 유사하다는 식의 논란이 불거지면 사실 관계를 떠나서 곡을 먼저 발표했던 사람에게는 심정적 충격이 가해진다. 표절은 그만큼 심각한 문제다.

이에 대해 한 작곡가와 나누었던 대화가 기억에 남는다. 어느 날 내가 화성학과 코드의 규칙에서 벗어난 음원을 만들어서 녹음실로 가져가 그에게 들려준 적이 있다. 곡을 들은 그는 이렇게 말했다.

"앞으로는 귀에 듣기 좋은 노래라면 괜찮은 음악으로 인정받는 시대가 될 거예요."

작곡 규칙을 따르지 않아도, 누구나 자유롭게 듣기 좋은 대로 음악을 만들어도 문제없는 시대라는 뜻이었다. 음악적 경우의 수에 제한되던 한계를 깨는 시대가 왔다는 의미다.

물론 표절 논란에서 벗어나는 확실한 방법은 아예 처음부터 출

처를 밝히는 것이다. 앞서 언급한 비틀즈의 멤버 폴 매카트니James
Paul McCartney는 "바흐의 〈브란덴부르크 협주곡Brandenburg Concerto BWV
1046~1051〉을 듣고 트럼펫 선율을 생각했다"고 말했다. 또한 존 레
논John Winston Ono Lennon은 "로이 오비슨Roy Kelton Orbison의 〈온리 더 론
리Only The Lonely〉를 듣고 멜로디가 떠올랐다"거나 〈라마르세예즈La
Marseillaise, 프랑스 국가〉와 〈그린슬리브스Greensleeves, 영국 민요〉 그리고 〈인
벤션Invention, 바흐〉을 정리해서 하나의 곡으로 만들었다"고 밝히기도
했다.

각각 비틀즈의 노래 〈페니 레인Penny Lane〉, 〈플리즈 플리즈 미Please
Please Me〉, 〈올 유 니드 이즈 러브All You Need Is Love〉가 탄생[11]하게 된 계기다.

쇼펜하우어 때문에 철학자가 된 니체

이번에는 철학으로 건너가 보
자. 아르투르 쇼펜하우어Arthur
Schopenhauer와 프리드리히 니체Friedrich Wilhelm Nietzsche의 이야기다. 남의
창작물을 원작자의 동의 없이 내 것처럼 쓴 경우를 표절이라고 한
다. 여기서 사상思想도 누군가의 지적재산이자 창작물에 해당될 것이
다. 그러므로 넓은 범위에서 본다면, 동료 철학자의 논조를 단어만
바꿔서 같은 의미로 사용한 철학자는 이를테면 '사상 표절'을 하고
있다고 할 수 있지 않을까? 이슈, 생각, 콘셉트처럼 표절의 대상을

확대해서 바라보자는 말이다.

쇼펜하우어는 독일의 철학자다. 1788년 2월 22일에 태어나 1860년 9월 21일에 운명한 그는 '세계가 나의 표상이며, 나의 의지이기도 하다'는 명제를 내세웠다. 그는 무신론자인 동시에 종교에 대한 관용적 태도를 보이기도 하였다. 한편 니체 역시 독일의 철학자다. 1844년 10월 15일에 태어나 1900년 8월 25일에 세상을 떠난 그는 이상주의 형이상학에 반대했다. 그는 세상을 현실과 이데아로 나눈 플라톤Platon의 이분법에 반대하며 현실에서의 삶을 사랑할 것을 주장했다.

당대 최고의 철학자들인 쇼펜하우어와 니체를 거론하면서 이처럼 설명이 짧은 것은 두 사람의 철학적 업적을 전부 거론하기란 책 한 권 분량으로도 불가능하기에, 그리고 어쩌면 역설적이게도 위대한 인물일수록 정의를 짧게 내리는 것이 가능하기에 벌어진 일이다. 이 둘은 염세주의 철학자와 긍정주의 철학자라고도 부를 수 있다.

그런데 여기서 짚어볼 부분은 쇼펜하우어와 니체, 두 사람의 철학에 대해서가 아니다. 우리의 관심사는 쇼펜하우어에게 영향을 받은 니체의 철학적 사고관에 대한 것이다. 이를 테면, 표절에 관해 논할 수 있는 주제 중 하나인 '서로 영향을 주고받는 인물 관계로부터 비롯되는 무의식적 사상의 추종'에 의한 표절 가능성에 대해서다. 어느 한 사람의 독서 범위와 사회적 인간관계의 폭이 유한할 경우, 그 사람이 만들어내는 창작물은 어느 시점부터 주위에서 관련된 사람들의 것과 유사할 수밖에 없다는 뜻이다.

예를 들어 이 둘의 삶을 볼 때 니체가 쇼펜하우어에게 영향을 받아 철학적 관점을 정리하고 하나의 이론으로 주창하기까지의 과정은 니체 자신만의 이론과 관념에서 나왔다고 할 수 있을까? 그렇다기보다는 쇼펜하우어의 것을 차용한 부분이 니체의 사고에 필수적으로 포함되었다고 해야 옳지 않을까? 어쩌면 이것을 생각의 표절이라고도 부를 수 있겠다. 다른 이의 주장을 마치 내 것 마냥 원래의 의미와 다를 바 없는 제2의 해석으로 그럴 듯하게 포장해내는 문장력에 의한 것뿐이니 말이다. 문화적 공유를 하거나 가치관을 정립하는 과정에서 자신이 읽고 배운 책을 통해 영향을 받는 것과 같은 행위일 수 있다.

니체가 무의식적으로 쇼펜하우어의 사상적 영감을 추종하게 되었으리라는 추정을 할 수 있을까? 우선 쇼펜하우어에게 영향을 받은 이들의 면모를 살펴보자. 음악가 리하르트 바그너Wilhelm Richard Wagner는 쇼펜하우어가 1819년에 집필한 《의지와 표상으로서의 세계Die Welt als Wille und Vorstellung》를 여러 번 반복해서 읽고 감명받아 그를 존경하게 되었다고 고백[12]했다. 지그문트 프로이트Sigmund Freud는 '억압'이라는 관념에 대해서 쇼펜하우어의 설명이 자신의 것보다 낫다고 인정[13]하였고, 칼 구스타프 융Carl Gustav Jung은 분석심리학의 창시자로서 인간을 둘러싼 고통과 고난에 대해 이야기한 쇼펜하우어의 사상 탐구가 도움이 되었다[14]고 말했다.

이뿐만 아니다. 레프 니콜라예비치 톨스토이Lev Nikolayevich Tolstoy나 헤르만 헤세Hermann Hesse, 혹은 프란츠 카프카Franz Kafka나 토머스 하디Thomas Hardy를 비롯한 많은 작가들도 쇼펜하우어의 사상이 자신의 작품 활동에 도움이 되었다고 고백했다. 톨스토이는 《안나 카레니나Anna Karenina》에서, 하디는 《테스Tess of the d'Urbervilles》에서, 러시아의 의사이자 극작가 겸 소설가였던 안톤 체호프Anton Pavlovich Chekhov는 자신의 희곡에서 쇼펜하우어를 거론했다.

융은 쇼펜하우어의 이야기를 하면서 '다른 이들이 쇼펜하우어의 말을 잘 모른다'고 한 적이 있다. 톨스토이는 '쇼펜하우어가 세계의 모든 인간 중 최고의 천재'라고 했다. 쇼펜하우어의 천재성을 모르는 다른 사람들이 바보들[15]이라고 하면서 말이다.

다시 쇼펜하우어와 니체의 이야기로 돌아와보자. 둘 사이의 관계를 드러낼 결정적 한 방이 있다. 니체가 고백하길 "내가 철학자가 된 이유는 쇼펜하우어 때문"이라고 했다는 사실이다. 그렇다면 쇼펜하우어를 만나기 전, 그러니까 쇼펜하우어의 사상을 알게 되기 전까지의 니체가 어떤 삶을 살았는지 되짚어볼 필요가 있다.

니체의 재능은 청소년 시절에 이미 음악과 언어 분야에서 두각을 보이기 시작했다. 1864년에는 대학에서 공부하면서 철학에 대해 깊이 매진하게 되었고 1865년경에 이르러 쇼펜하우어의 저서들을 접하게 되며 철학적 사고 영역이 확장되는 계기를 맞이한다. 그 후 군 복무를 하던 중 뜻하지 않은 부상으로 입원 치료를 받게 된 니체는 1868년 라이프치히 대학교Universität Leipzig에서 접하게 된 쇼펜하우어의 철학에 심취하였고, 1869년에는 지인을 통해 바그너와 만나기도 하였다. 니체가 쇼펜하우어로부터 철학적 영향을 받아 집필한《반시대적 고찰Unzeitgemässe Betrachtungen》에서 그는 '교육자로서의 쇼펜하우어'에 대해 논하기도 하는 등 쇼펜하우어의 주장을 공유하고 있다.

그렇다면 이번에는 쇼펜하우어와 니체의 사상을 비교해보자. 쇼펜하우어는 "패배가 따르는 고통을 스스로 겪어봐야만 사람의 인품이 형성된다"고 하였다. 한편 니체는 "위대한 인간이란 역경을 극복할 줄 알고 그 역경을 사랑하는 자"라고 하였다. 쇼펜하우어는 "허영심이 많으면 사람이 수다스럽게 되고 자존심은 사람을 침묵하게 한다"고 하였다. 그런가하면 니체는 "인간의 허영심은 손상 받았을 때 더 강해져서 크게 부푸는 것"이라고 했다. 쇼펜하우어와 니체의 주장들을 보면 내용상 큰 차이가 없다는 점을 알게 된다.

그렇다면 도대체 어떻게 된 일일까? 별반 차이 없는 사상을 지닌 두 철학자를 향해 쇼펜하우어는 무슨 주의자, 니체는 무슨 주의자라고 구별 지으려고 한 것은 누구였을까? 오히려 다른 사람들이 쇼펜하우어와 니체를 두고 둘의 철학과 관념을 비교해 상대적으로 구분하려드는 것은 아닐까? 고개를 갸우뚱하게 된다.

생각의 표절이란 것이 정작 당사자들의 문제가 아니라, 마음대로 보고 원하는 대로 잘라서 엮어버리는 타인들의 시선에 달려있는 것 아닌가 생각하게 되는 대목이다. 물론 표절이라는 명제 하에서 쇼펜하우어와 니체를 사상적 표절 관계로 묶는다는 것은 어려울 수 있다. 그러나 니체가 쇼펜하우어로부터 영향을 받았음이 분명한 상태라는 점에서 지엽적으로 놓고 생각해본다면 결과는 달라질 수 있다.

쇼펜하우어와 니체의 경우에서 볼 수 있듯이, 사람들 사이에서 영향을 주고받는다는 것은 생각의 범위를 협소화시킬 수 있는 위험성이 분명히 존재하는 일이다. 기계적으로 한정된 유한한 경우의 수는 사람들 사이에서 어떤 사람의 인맥 범위와 그 사람이 읽는 독서량에 한정된 유한한 생각의 수에 비교될 수 있다. 대화하는 사람들과 주고받는 정보가 독서에서 얻어진 정보에 더해져서 그 사람의 생각 범위를 결정짓는다는 뜻이다.

이런 경우 사상이 비슷한 사람들이 모이면 그 집단 내에서는 어떤 창작물을 만들더라도 유사한 것들이 나오기 마련이다. 이는 사고의 범위가 한정된 공간에서 만나게 되면서 생각의 표절이 이뤄지기 시작하는 경우다. 이런 상황에서 누군가가 의도적으로 표절을 하기도 한다. 좁은 인맥 내에서 지적재산을 공유하면서 생기는 표절이다. 다른 사람의 생각에 대해 무조건적으로 동의하는 것을 '집단지성'이라고 부를 수 있다면, 다른 이의 사상을 자기 방식대로 표절하는 경우를 가리켜 '맹목지성'이라고 부를 수 있다. A가 B의 생각을 듣고 C에게 가서 마치 A 자신의 생각인 것처럼 말하는 경우다. 사상적 표절에 해당된다.

SNS는 공유가 아닌 세뇌의 도구

현대 사회가 발달할수록 생각의 표절이 급증하고 있다. 창의적 사상의 위기가 온다고 말할 수 있는 것이다. IT 기술이 발달하고 SNS^{Social Network Services, 소셜 네트워크 서비스}가 급속도로 확산되었으며, 누구나 평등한 사회가 이뤄졌다. 이제는 한 나라의 대통령과 어린이도 SNS로 친구가 될 수 있다. 세계 어디에 있든지 누구와 동등하게 만날 수 있는 세상이다. 대표적으로 페이스북^{Facebook}과 트위터^{Twitter}가 인기다. 이미 지구상에 존재하는 인구 중 상당수는 SNS를 이용하고 있다.

하지만 온라인상에서 서로 연결되는 관계가 우리에게 이점만 제공할까? SNS가 주는 '맹목지성'의 출현에 대해 우려해야 하는 것은 아닐까? 당신은 페이스북과 트위터를 사용하는가? 창의적 사상의 위기를 알아보기 위해 우선 그 사용법을 잠시 알아보자.

트위터가 낯선 사람과 인맥을 맺기를 위해 존재한다면, 페이스북은 같은 학교 동창, 같은 직장 동료, 오래 전 헤어진 첫사랑 등 주로 아는 사람을 기준으로 모이게 한다. 졸업 앨범처럼 얼굴을 먼저 알고 만나는 온라인 인맥 사이트. 그래서 이름도 '페이스북'이다.

페이스북에서는 '좋아요Like' 기능과 '공유하기Share' 기능을 주로 사용한다. '좋아요' 기능을 통하면 인터넷상에서 접하는 다양한 콘텐츠를 페이스북 계정으로 스크랩할 수 있으며, 동시에 나와 친구 관계에 놓인 사용자들에게도 이를 전달할 수 있다. '공유하기' 기능을 사용하면 페이스북 친구인 사용자들에게 콘텐츠가 전달되며 하나의 내용에 대해서 다양한 의견을 나눌 수 있다. 또한 페이스북 사용자들은 자신의 계정에 표시되는 '현재 접속자'를 확인할 수 있으며, 이를 통해서 다른 사용자들과 실시간 메시지 교환이 가능하다.

게다가 페이스북에서 친구를 만드는 방법은 어렵지 않다. 페이스북에 로그인하고 '프로필'을 편집하도록 한다. '프로필 편집'을 클릭하고 내 고향, 학교, 직장 등을 입력하면 나와 어울릴 만한 사용자를 추천받게 된다. 또한 이메일 주소를 입력하면 내가 이메일을 주고받은 사람 가운데 페이스북을 사용하는 사람을 알려준다.

만약 모르는 사람이 친구 추천 목록에 표시되었다면? '친구 요청'을 선택한다. 요청을 받은 상대방이 승인을 하게 되면 페이스북 친구로 맺어진다. 친구가 되었다면 이제 메시지를 나누거나 서로의 일상을 받아보며 온라인으로 교류 활동을 시작할 수 있다.

한편 트위터는 지구에 살아가는 모든 사람들을 온라인으로 묶어준다. 평소 만나기 어렵게 느끼던 사람들과도 여기서 만큼은 '아는 사람'이 될 수 있다. 미국의 대통령도 좋고, 일본의 유명 연예인도 좋다. 할리우드 스타와도 실시간으로 트위터를 통해 대화할 수 있다. 트위터는 알고자 하는 모든 사람을 만나게 해준다. 그 사람이 트위터를 사용하기만 한다면 말이다.

트위터에서 '팔로윙following'이란 트위터 사용자 가운데 관심 있는 사용자를 선택하는 것으로 상대가 작성하는 게시물들이 내가 만든 트위터 계정에서 보이게 된다. 우리가 신문을 구독하는 것처럼 그 사람의 글을 구독하는 것과 같다. '팔로워follower'란 다른 사용자들이 나를 팔로윙하는 것을 말한다. 내가 글을 쓰면 내 팔로워들에게 글이 자동적으로 전송된다. 팔로우와 팔로윙이라는 규정에서 알 수 있듯이, 트위터에서는 '친구'가 아니라 단순히 '전달받는 입장'과 '전달하는 입장'으로 관계를 맺게 된다. 내가 팔로우를 한 사람이 나를 팔로워 하지는 않을 수도 있다.

생각해보자. 당신이 아는 SNS는 소통의 창구인가, 아니면 일방적인 지시 전달 창구에 가까운가? 페이스북 '좋아요'와 트위터 '리트윗'은 당신만의 생각을 보여주는가, 아니면 당신이 누군가의 생각에 전염된 결과를 보여주는가? 누군가의 생각이 당신에 의해 당신과 가까운 사람들에게 무차별적으로 주입되지는 않는가? 당신의 인맥

내에서 주고받는 대화의 범위가 한정적이게 되는 상황이다. 어떤 일이 벌어질까? 당신과 지인들이 SNS에서 나눈 메시지와 각종 정보들은 당신과 지인들의 생각의 범위에 영향을 주고, 결국 생각의 표절이 일어나게 만드는 것이 아닐까?

이보다 더 위험한 일은 '생각의 종속화'다. 맹목지성이 만들어지게 되는 것이다. SNS에서 주고받는 메시지가 강력한 신뢰를 얻는 현상이 생긴다. 사람들이 신문을 통해 '텍스트'에서 얻던 신뢰를 벗어나 SNS에서 공유된 다른 이의 이야기에 더 믿음을 갖는다. 뉴스를 믿지 않고, 인터넷에서 구할 수 있는 각종 정보나 자료에도 신뢰감을 갖지 않는 상황에서, 책을 멀리하고 무엇도 읽지 않는 사람들이 많아지며 또 하나의 정신적 감옥이 우려된다고 생각한다면 지나친 걱정일까? 단순한 표절 논란을 넘어, 표절이 아닌 '생각의 공유'로 오인될 수 있는 부분이다.

혹자는 페이스북의 '좋아요'나 트위터의 '리트윗'을 사상적 표절이라기보다는 소통, 혹은 생각의 확산이라고 해석하기도 한다. 주위 사람끼리 영향을 받아 생각이 유사해지는 현상을 표절이라고 할 수 없다고도 여긴다. 특히 '생각의 공유'가 표절보다 심각한 문제가 아니라고 주장한다. 하지만 이러한 주장은 그들이 이미 SNS 인맥에 머물면서 인맥을 옹호하게 된 현상과 무관하지 않다.

하지만 그들은 생각의 공유가 사상적 표절의 다른 말이라는 것을 모른다. 여기서 우려되는 바가 바로 이러한 '몰개성화'다. '맹목지성'을 초래하는 '집단 쏠림' 현상이기도 하다. SNS상의 인맥이란 것이 누군가의 '의견 통로의 확산'에 지나지 않는 것을 부정하면서 그들 나름의 소통으로 착각하고, 생각의 확산으로 착각하는 것이다.

그리고 무엇보다도 그들이 모르는 사실 한 가지가 있다. '좋아요' 또는 '리트윗'을 사람이 아닌 기계가 할 수 있다는 점이다. 그들이 인맥으로 여기고 있던 SNS상의 상대방이 사실은 실체가 없는 프로그램이라는 점을 모른다. 상대방도 나처럼 존재하는 누군가일 것이라고, 그 사람이 직접 계정을 만들고 이용하는 중일 것이라고 착각한다. '좋아요'를, '리트윗'을 사람이 한다고 여긴다.

그래서 문제가 생긴다. 프로그램상 만들어지는 메시지 하나가 SNS 인맥망을 타고 확산되면서 집단 쏠림 현상을 만들 수 있다. 기계에 의해 사람들의 사상이 지배되는 맹목지성이 불거질 수 있다. 우리는 이것을 깨달아야 한다. 생각을 공유하고 소통을 하는 창구가 아니라, 의도된 집단지성 마비 현상이 생길 수 있다는 점이다.

그래서 사상적 표절이 주는 위험성이 크다. 논문에서 몇 구절 등장하는 인용문의 출처를 밝히지 않았다며 따지는 정도의 문제를 일반적 표절이라고 부른다면, 사상적 표절은 일반적 범주를 넘어서는 그리고 방관하기만 해서도 절대 안 되는 부분이다.

음악을 작곡할 때 생기는 유사성이나 바둑 경기를 진행할 때 발생하는 유사성처럼 경우의 수가 제한적이어서 일어나는 문제가 있다. 반면, 생각의 범위는 무제한이지만 학문적 맥을 같이하는 학계 안에서 공유되는 사상의 유사성의 경우 학문적 사고를 하면서도 포괄적 사고를 하지 않는 사람의 경우에 국한된 사정으로 봐야한다. 어쩔 수 없는 표절이라고 둘러댈 것이 아니라 더 넓은 생각을 하지 않아서 생기는 표절 사례로 인식해야 한다는 의미다.

한 걸음 더 나아가서 요즘 SNS를 통해 이뤄지는 메시지 교환, 즉 '좋아요'와 '리트윗'이야말로 집단지성을 가로막고 맹목지성을 초래할 위험이 된다. 우리가 흔히 생각하는 표절이 아니므로 '상관없다'고 말할 것인가? '무의식적 사상의 표절'이라는 숨은 이면을 봐야 하지 않을까? 경우의 수가 제한적인 상황에서도 생각의 범위는 무한대였듯이 SNS에서도 생각의 경계를 제한하지 말아야 한다. '좋아요'나 '리트윗'을 누르는 것 혹은 누르지 않는 것이 핵심은 아니다. 선택의 제한을 받고 있으면서도 그것을 소통이라고 여기는 그 생각이야말로 위험한 것 아닐까? '소통하는 사람만 클릭하라'는 말에 종속되지 말아야 한다. 생각할 수 있는 범위에 제한을 두지 말아야 한다. 머릿속에서 무의식적으로 각인되는 사상의 표절은 논문 표절이나 음악 표절처럼 드러나지 않으면서도 당신의 행동을 획일화시킬 수 있기에 더 위험할 수 있다.

피팅룸 안에서
무슨 일이 벌어지고 있을까?

드라마 여주인공이 입은 명품 옷, 동대문에 가면 있다

**손님으로 위장한
디자인 도둑**

디자인 표절은 이제 더 이상 새롭다고 할 이야기가 없는, 지금도 이뤄지고 있는 중이고 언제든 벌어질 수 있는 일이 되어버렸다. 구체적으로는 의상과 신발, 핸드백, 양말을 비롯하여 스타일링에 사용되는 모든 것에 대한 표절을 디자인 표절이라고 부를 수 있다. 인터넷 쇼핑몰을 운영하는 사람도, 백화점에서 매장을 운영하는 사람도 누가 디자인을 훔치지 않을까 걱정하고 우려한다. 하지만 그렇다고 해서 이렇다 할 대비책을 마련할 수 없는 경우가 흔하다.

실제 현장에서 디자인이 유출될 수 있는 경로는 열 손가락으로도 꼽기 힘들 정도로 다양하다. TV 드라마, 홈쇼핑 방송, 극장 영화, 패션 잡지, 해외 패션쇼 무대, 각종 광고는 물론이다. 백화점, 일반 매장, 스트리트 패션, 쇼윈도, 생산 공장, 샘플실, 청바지 워싱 공장, 봉제 마감 공장, 패턴 작업실, 부자재 공장, 원단 업체, 부자재 업체, 동대문 시장, 디자이너 모임, 패션 기자, 패션 에디터, 포토그래퍼, 사진 현상소 등 수많은 분야의 수많은 사람들이 패션 디자인 표절에 관여할 수 있다.

가령 백화점을 생각해보자. 매장에 신제품이 들어온다. 일부는 마네킹에 착장해 통로 쪽에 세워두고 일부는 매장 안 쪽에 진열해둔다. 이 신제품은 디자인을 훔쳐가려는 사람들의 공격으로부터 안전할까? 아니다. 꽁꽁 싸매고 감춰두어도 너무나 손쉽게 이뤄지는 것이 디자인 표절이다. 손님들에게 트렌드에 맞는 디자인을 선보여야 하는 입장에서 제품을 마냥 숨겨둘 수도 없지만 말이다.

"옷 좀 입어봐도 되죠?"
"피팅룸 안에서 입어보세요."
이제 그 안에서 무슨 일이 벌어질까? 사진을 찍어도 소리가 나지 않도록 처리된 스마트폰을 가지고 들어간 손님이 새로 나온 의상을 열심히 촬영한다. 몇 분이 지난 후 밖으로 나온 그 손님은 방금까지 관심을 보이던 그 옷을 그냥 두고 매장을 빠져나간다. 그 다음에 어떤 상황이 이어질까? 며칠 뒤, 빠르면 바로 다음 날 시장이나 인터넷 쇼핑몰에 똑같은 디자인을 베낀 저렴한 제품들이 버젓이 나타난다.

"피팅룸에서 촬영을 못하도록 미리 스마트폰을 달라고 해서 보관하면 되잖아요?"

이렇게 생각할 수도 있다. 과연 이렇게 하면 디자인 표절을 막을 수 있을까? 새로운 방법이 있다. 다시 백화점이다. 손님이 와서 새로 출시된 디자인 제품을 구입한다. 결제는 카드. 일주일 이내 무상 반품, 30일 이내 교환이라는 법적 조건이 주어진다. 이제 어떤 일이 생길까?

"이거 샘플 공장에 보내. 가격표나 여기 붙은 거 하나라도 건들지 말라고 하고, 모양 본만 따서 바로 우리한테 돌려보내라고 해."

백화점을 다녀온 디자이너가 이렇게 말하며 샘플 공장으로 옷을 넘긴다. 가격표를 떼지 말고 제품이 오염되지 않도록 특별히 주의하라며 지시하는 이유는 '환불' 때문이다. 디자인만 베끼고 다시 백화점에 가서 돈을 돌려받겠다는 의미다. 오늘 산 옷을 공장에 넘기면 2~3일 내로 디자인을 모방할 수 있다. 여기까지 진행해봤자 구입한 지 4일이 채 지나지 않은 시점이니 이제 기간 내로 환불을 요구하기만 하면 된다.

일주일이란 중국 공장에 넘겨도 될 정도로 여유 있는 시간이다.

항공 화물로 오늘 보내면 늦어도 모레까지는 중국에 도착한다. 그럼 똑같이 생긴 샘플을 만들어 다시 한국으로 보내온다고 해도 7일 내에 충분하다. 샘플을 만드는데 성공한 디자이너는 버젓이 백화점에 다시 가서 환불을 요청한다.

"그럼 백화점에서 판매하지 말아야 할까요?"

누군가는 이렇게 물을지도 모른다. 미안하지만 이것도 아니다. 디자인 표절은 TV나 인터넷 쇼핑몰, 드라마와 영화, 심지어 길거리를 지나는 사람들을 통해서도 이뤄진다. 패션 잡지에서 특정 스타일을 오려 작업 지시서에 붙이는 경우는 이제 논란거리도 아니다. 하청 공장이나 샘플 공장은 패션 업체에 이렇게 미리 말한다.

"사진만 가져와요. 똑같이 만들어줄 테니까."

이 정도면 그래도 양반이다. 더 심한 공장은 이런 말도 한다.

"우리 거래처에서 요즘 이게 잘 나간다고 하던데? 이거 우리가 계속 리오더reorder 해주는 스타일이거든요. 그쪽에서도 이런 스타일 다루지 않아요?"

다른 거래처에서 주문한 상품이 있는데 요즘 잘 나가서 추가 생산 중이니, 괜찮은 것 같으면 당신 업체에서도 만들라고 제안하는 것이다. 물론 생산은 자기네가 해주겠다는 의미다. 언제 어디서든 디자인이 표절될 수 있는 시대다. 중요한 것은 디자이너 스스로 창작에 대해 자부심을 가지는 것이다. 남의 발상이 아닌 나의 발상으로 디자인하겠다는 원칙을 바로 세워야 한다.

TV 프로그램에서 시작된 표절 공방

그런데 간혹 어떤 디자인을 두고 표절인지 아닌지 논란이 벌어지는 경우가 있다. 얼마 전 일이다. 2015년의 어느 날, 국내 미디어를 들썩인 사건이 벌어졌다. 디자이너의 주장이 옳다는 측과 아니라는 측이 나눠졌다. 하나의 디자인을 두고 벌어진 양측의 대립은 인터넷과 언론 매체에도 보도되며 사회적 혼란을 부추겼다.

사건은 중국의 한 방송국에서 방영되는 디자인 서바이벌 프로그램 중 시작된다. 이 프로그램에 한국 연예인 한 명이 출연했는데 어느 디자이너의 옷을 표절했다는 의혹을 받게 된 것이 발단이었다. 논란은 온라인상에서 먼저 불거져 급기야 해당 디자이너의 귀에도 전해졌고, 디자이너와 연예인 그리고 연예인의 스타일리스트 등이 복잡하게 얽힌 양상을 띠게 되었다. 진심어린 사과를 하라는 디자이너 측 주장과 표절한 적 없다는 연예인 측 주장이 대립되며 사건은 결국 뉴스에 보도되는 사태로까지 커졌다.

당시 논란의 핵심은 '소매 시접 부분의 주름 디자인'이었다. 디자이너가 만든 옷을 모델이 입고 나와 워킹을 하고 있는 패션쇼 현장의 사진과 중국 방송에서 한국 연예인이 자신의 디자인을 선보이는 장면이 서로 비교되며 떠돌아다녔다.

나로서는 모처럼 디자인 문제가 수면 위로 떠오르며 디자인의 중요성을 알리게 되는 좋은 현상이라고 생각했다. 그런데 주위 사람들의 이야기를 듣다보니 정작 중요한 것을 놓치고 있다는 생각이 들었다. 우선 '디자인이 누구의 것인가?' 하는 부분이다.

요즘처럼 글로벌한 세상에서, 디자인에 국적이 어디 있냐고 반문할 수도 있다. 하지만 서양 복식사와 한국 복식사를 놓고 생각할 때 논란이 되었던 그 옷은 우리나라 양식이 아니라는 것이 사실이다. 유럽 옷이고 서양 패턴이었다. 외국 옷을 두고 우리나라 사람들이 다투는 형국이었다. 가령 한복을 두고 외국인들이 디자인으로 다투는 것을 보게 된 셈이다. 애초에 원천 디자인을 만든 디자이너가 따로 있는데 나중에 다른 디자이너 두 명이 서로 자기 디자인이라며 다투는 모습과 같다는 뜻이다. 해당 디자이너와 연예인이 서로의 디자인이라고 주장할 필요도 없는 일이다. 생각해보자. 다른 나라의 디자이너 두 명이 한복 한 벌을 두고 서로 자기가 디자인한 옷이라며 다툰다면 당신은 어떤 생각이 드는가?

영어로 '오버사이즈 코트oversize coat'는 긴 겉옷을 말한다. '화이트 컬러white colour'는 하얀 색이고, '프릴frill'은 주름 장식을 가리킨다. 다른 비슷한 말로 '러플ruffle'이라고도 부른다. '롱 슬리브long sleeve'는 긴 소매를 뜻하며, '숄더 드롭shoulder drop'은 어깨 재단선에 해당한다. 해당 연예인이 당시 디자인에 적용한 '프릴 소매'는 어느 한 디자이너의 고유한 디자인이라고 부를 수 없다고 봐야하지 않을까?

다음으로 누가 먼저 창작하였는가의 문제가 있다. 누구의 디자인인지 고려해야 하는 부분인데, 여기서 가장 중요한 것은 디자이너와 연예인이 다투는 그 디자인이 앞서 선보인 적 없는, 그 디자이너가 최초로 창작한 디자인이어야 한다는 조건이다. 세상에 없던 최초의 디자인이 만들어졌다는 것이 확인된다면 그 연예인은 디자인 표절 논란에서 책임을 비껴가기 힘들게 될 상황에 처할 수도 있다.

당시 보도된 기사와 양측의 입장을 찾아 읽어보니 포인트는 '프릴 슬리브 디자인주름 소매 모양'으로 귀결되었다. 한쪽에서는 '프릴 디자인은 새로운 게 아니다'라고 주장하고, 상대방은 '프릴 디자인의 위치, 형태, 세부 사항까지 유사할 수는 없다'고 맞서는 상황이었다. 개인적인 느낌을 전제해서 두 사람의 디자인을 보아하니 세부적으로는 다르지만, 소매에 집중해서 보면 유사하게 보일 수도 있겠다는 생각이 들었다.

그런데 당시 논란에 대해서는 조금 살펴봐야 할 지점이 있다. '프릴' 디자인에 대해서다. 예를 들어 유명 브랜드인 겐조KENZO의 디자인을 보면 외국 쇼핑몰에서 팔리고 있는 제품 중에 소매에 프릴이 적용된 제품이 분명히 있었다. 또한 다른 브랜드 중 끌로에Chloé에서도 '프릴 슬리브 디자인'이 나타났다. 엠마뉴엘 웅가로^{emanuel ungaro}의 디자인에서도 마찬가지였다.

이번에는 인터넷에서 누구나 쉽게 찾을 수 있는 방법으로 알아보자. 시접 같은 가장자리 장식을 영어로 '트림^{trim}'이라고 한다. 'ruffle trim', 'ruffle trim sleeve', 'frill trim design'이라는 단어를 구글에서 검색해보라. 가장자리를 주름지게 하는 스타일이 해외 디자이너들 사이에서 자주 사용되는 디자인 방식 중 하나인 것을 알 수 있다. '자주'라는 말이 이해되지 않는다면 각자의 집에서 매일 밤 사용하는 베개를 보자. 베개의 시접에 흔히 사용되는 디자인도 프릴 스타일이다. 물론 베개 디자인이 의상 소매 디자인과 똑같다고 생각하는 것은 어려울 수도 있다. 하지만 베개 만든 사람이 옷을 만든다고 할 때, 프릴 디자인 소매가 상상하기 어려운 아이디어일까?

디자인 표절 논란 이야기 속으로 들어갈수록 논란거리는 한두 가지가 아니었다. 해당 방송에 등장한 귀여운 그림이 프린트된 스커트나 흰색과 검은색이 섞인 드레스 역시 표절 논란에 휩싸였다. 하지만 이 경우에도 인터넷에서 쉽게 알아볼 수 있다. 'print skirt'나 'contrast color dress', 이런 단어들을 검색해보면 유사한 디자인이 이미 상당수 존재한다는 사실이 드러난다. 다시 말해서 디자이너와 모 연예인 사이의 표절 논란은 여타 해외 패션브랜드의 디자인 중 이미 유사한 것이 출시된 경우가 있었는지 검색만 해봤더라도 쉽게 가라앉을 논란이었다.

'디자인 표절이다', '아니다'라는 논란을 인터넷상에서만 부추길 게 아니라 당사자 두 사람이 해결해야 할 사안이었다. 또한 이는 외관상 느낌만 비슷하다고 판단할 문제가 아니므로 디자인에 사용된 소재와 디테일, 제작 방식까지 봐야 된다는 이야기다.

디자인 표절에 대해 지인과 나눈 이야기가 있다.

"서양 패션이 이 땅에 들어온 것이 그리 오래되지 않았지만, 많은 사람이 이제 '우리 옷'과 '남의 옷'을 구별하지 않아. 패션에 국경이 어디 있느냐고도 말하지. 유럽에서는 그렇게 생각하지 않는데 말이야."

국내에서 한 패션 행사가 열렸다. 관련 단체에서 준비하고 국내외 패션기자들까지 대거 초대된 행사였는데, 프랑스와 이탈리아 등지에서도 많은 기자들이 찾아왔다. 그런데 정작 행사가 열리자 첫날부터 일이 벌어졌다. 런웨이를 바라보는 외국의 기자들 사이에서 수군거리는 소리가 발생했다. 서울에서 열리는 패션쇼라고 해서 한국만의 독특한 디자인을 기대하고 왔는데 정작 무대를 보아하니 프랑스나 이탈리아에서 짧게는 1년, 길게는 수 년 전에 이미 등장했던 디자인들이라는 지적이었다. 그들 눈에는 런웨이에서 펼쳐지는 디자인 쇼가 한국만의 것이 아닌, 그들 나라에서 익히 존재해오던 것의 반복일 뿐이었다.

생각의 깊이가 사람을 만든다. 서양 복식에 대해 조금만 알아보더라도 쉽게 이해될 문제들이 사람들의 선입견이나 단순한 인터넷 헤드라인 몇 줄에 따라 사실과 다른 이야기로 거대하게 부풀어 오르곤 하는 일이 많다. 디자인 영역에서도 표절 여부를 판단하기 위해서는 그 분야에 대한 깊이 있는 지식이 필요한 경우가 많다. 그런 이유 때문에 비전문가인 대중 입장에서 디자인 표절에 대해 이러쿵저러쿵 판단 내리기가 어려운 것이 사실이다. 언론에서도 사람들의 논란을 더욱 부추기는 논쟁 내용만 전달할 것이 아니라 근원적으로 조금 더 조심스럽게 이 문제에 접근했어야 했다.

록키도 입고 저커버그도 입은 후드 티

흔히 '후드 티'라고 부르는 옷만 해도 그렇다. 지금은 어느 업체나 다 만드는 디자인이지만, 그 시작은 유럽에서 비롯되었다. 후드 티는 콩글리시 표현이고, 영어로는 '후디Hoodie, Hoody'라고 부르는 이 디자인의 유래는 중세 유럽으로까지 거슬러 올라간다. 그 시대에 수도승들이 바람막이용으로 고안해낸 옷이었기 때문이다.

후드 티는 이제 어느 업체에서나 만드는 스타일이다. 하지만 그 기원이 언제인지, 누가 처음 시작했는지는 아무도 모른다. 알려고도 하지 않는다. 일반 소비자의 디자인에 대한 인식이 '싸고 내 마음에

들면 좋은 것'에 지나지 않아서다. 디자인 창작자를 생각하는 최소한의 고마움이란 아예 찾아보기 어렵다.

후드 티가 대중적으로 인기를 끌게 된 계기는 1976년 실베스터 스탤론Sylvester Stallone이 주연한 영화 〈록키Rocky〉에서 후드를 단 트레이닝복이 나온 것이다. 제대로 된 운동복 없이 후드 티를 입고 복싱 연습을 하던 영화 속 모습에서 '저항'이란 이미지가 생겼고, 지금은 힙합 음악을 하는 가수들의 필수 아이템처럼 되어버리기도 했다.

1930년대 미국, 냉동 창고에서 일하던 노동자들이 추위를 막고자 입은 작업복이 후드 티의 원형이다. 영화 〈록키〉에서 주인공은 사채업자의 돈을 받아주러 다니는 직업으로 나온다. 사회적 하층민의 삶이다. 그런 사람이 후드 티를 입고 권투에 도전해서 챔피언이 된다는 영화 스토리는 '사회적 약자의 저항'이란 이미지를 만들기에 제대로다. 노동자들이 냉동 창고에 드나들면서 쉽게 착용 가능하도록 만든 후드 티를 처음 만든 회사의 이름은 마침 '챔피언'. 1970년대 영화 〈록키〉에서 주인공이 챔피언으로 성장하는 과정과 회사 이름이 묘하게 맞아 떨어진다.

1990년대 후반이 지나면서 IT 벤처기업 붐이 일었는데, 외국의 젊은 창업자들이 공식 석상에서 후드 티 한 장에 청바지를 걸치고 다니는 모습이 언론에 자주 노출되면서 '벤처 기업은 프리스타일 캐주얼'이라는 이미지가 생겼다. 2011년에 이르러서는 페이스북 창업자

마크 저커버그^{Mark Elliot Zuckerberg}가 투자설명회에 후드 티를 입고 나온 모습이 공개되며 이것이 벤처 정신의 핵심인지, 기업인으로서의 미숙함인지를 놓고 논쟁이 벌어지기도 했다.

반면 2000년대에 들어서 CCTV를 피하려는 범죄자들이 후드 티를 애용(?)하며 범죄자의 의상이라는 오명이 덧붙기도 했다. 지금으로부터 얼마 지나지 않은 시기인 2012년 2월 26일 미국 플로리다에서는 트레이본 마틴^{Trayvon Martin}이라는 청소년이 후드 티를 입고 있다가 마약에 관련된 우범자로 오해받은 나머지 피살된 사건까지 생겼으니 말이다. 이 일로 인해 후드 티는 흑인들을 향한 차별 그리고 저항이라는 상징성을 얻게 되었다.

의복의 역사를 짚어보는 김에 프릴의 기원에 대해서도 알아보자. 이야기는 중세 유럽으로 거슬러 올라간다. 유럽에서는 르네상스 시대를 거쳐 신고전주의^{Neo-Classicism}가 인기를 얻으면서 인간 본연에 대한 관심을 강조하려는 움직임이 다양한 문예사조에서 나타나고 있었다. 신고전주의란 18세기 말 프랑스를 중심으로 시작된 미술 사조로써, 낭만주의와 대립되는 흐름이다. 고대 그리스와 로마의 예술로부터 영감을 받아 문화와 예술 전반에 걸쳐 영향을 주었다.

프릴 디자인이 등장하던 이 당시에는 인체의 라인을 과장하고 관능적 아름다움을 강조하려는 경향이 인기를 끌었다. 남자들은 상반

신을 크게 부풀리고 허리는 가늘게 보이려 했고, 바지는 반바지를 즐겨 입었다. 여자들은 코르셋으로 허리를 가늘게 하면서도 치마는 원뿔이나 둥근 종 모양으로 부풀렸는데, 이를 위해 고래수염이나 나무 등을 이용해 만든 베르튀가댕vertugadin이라는 속치마를 입었다.

그리고 상의를 만들 때는 목 주위 옷깃을 과장되게 만들었는데 이때 사용한 것이 러플 디자인이다. 또한 중세 유럽 남성의 의상에서는 소매에 프릴을 넣는 디자인이 자주 사용되고는 했는데, 정교한 자수 디자인과 인체의 라인을 따라 두툼한 패드를 넣어 크게 부풀린 디자인이 이 당시 특징이었다.

그리고 이 옷깃 디자인이 프릴의 기원이라고 볼 수 있다. 1530년경 여성의 옷에서 러플 디자인을 살펴보자면, 초기에는 슈미즈chemise, 여성 속옷의 목선 부분에 주름을 잡는 식이다가 1560년경에 이르면서 정교한 러플을 따로 만들어 붙이는 스타일이 유행하였고, 1580년경부터는 여성들의 스커트가 부풀어 오른 디자인이 유행하면서 러플 모양도 스커트 주름과 매치시키거나 부피를 키운 형태로 등장하기 시작했다.

특히 엘리자베스 1세Elizabeth I 여왕이 입은 옷의 러플 칼라는 그야말로 '러플 디자인의 완성'이라고도 할 정도였다. 커다란 마차 바퀴처럼 크기가 엄청났기 때문이다. 또 다른 대표적인 예로 이탈리아 메디치Medici 가문에서 태어나 프랑스의 왕 앙리 2세Henri II와 결혼한

카트린 드 메디시스^{Catherine de Médicis}가 있다. 카트린은 어깨를 덮을 정도로 커다란 옷깃을 유행시켰는데, 그런 스타일을 두고 '메디치 칼라^{Medici collar}'라고 부른다. 앙리 4세^{Henri Ⅳ}의 왕비가 된 마리 드 메디시스^{Marie de Médicis} 역시 부채꼴 모양으로 풀을 먹여 세운 디자인의 옷깃을 착용했었다. 중세 유럽에서 유행하던 옷깃 스타일이 어깨선을 거쳐 소매로까지 전개되며 현대에 이르러 국내 디자이너와 어느 연예인의 표절 시비로까지 이어졌다고 봐도 무방하다.

참고로 미국과 유럽 등 현대 패션의 흐름을 선도하고 있는 나라들의 경우, 디자인을 어떻게 보호하고 있을까? 유럽에서는 디자이너의 작품에 대해 3년간 저작권을 보호해주며 디자이너의 요청이 있을 경우에는 최장 25년간 보호해준다. 반면 디자인을 예술로 간주하는 유럽과 달리 미국에서는 패션디자인을 실용적인 기능 측면으로만 보는 경향이 있다. 그래서 상대적으로 유럽보다는 패션디자인의 보호에 대해 둔감한 편이다.

한때 미국에서도 유럽처럼 패션디자이너의 디자인 창작물에 대해 3년간 보호를 해주자는 법안^{Innovative Design Protection Act of 2012}이 입법되는 듯했으나 의회 표결에서 통과되지 않았던 전례가 있다. 그래서 미국에서는 디자인을 저작권이 아니라 디자인 특허로 보호하고 있다.

애플의 아이맥과
닮기만 해도 죄?

일반 상식과 다른
'표절의 법적 기준'

**| 콜라 병 모양도
보호 대상인가 |** 표절과 창작의 경계가 모호하
다? 표절이란 다른 사람의 창작

물 전부 또는 일부를 그대로 베끼거나 모방하면서 출처 표시를 하지

않고, 마치 자기 스스로 만들어낸 창작물인 것처럼 공표하는 것을

말한다. 다른 이의 논문에서 공표된 핵심 내용을 자신의 논문에 게

재하면서 출처를 밝히지 않고 자신의 연구 성과인 것처럼 사용하는

경우 등이 그 예다. 문학 작품에서 다른 작가의 글을 무단으로, 저작

자의 허락 없이 베껴서 자기 작품의 일부로 사용하는 경우도 해당된

다. 정리하자면 표절이란 '출처를 밝히지 않고 다른 사람의 사상이

나 감정으로 창작된 지적재산을 임의로 사용하는 것'이라고 말할 수

있다.

그런데 이와 같은 표절은 윤리적으로 비난받을 행위이기는 하나 법적으로 정의된 개념이라고는 볼 수 없다. 그래서 표절 논란이 사실로 밝혀질 경우, 지탄의 대상이 될 수는 있어도 법적 손해배상 등의 책임까지 물어하는 것은 아니라는 애매모호한 측면이 있는 것도 사실이다. 법적 보호가 되는 저작물이 되려면 '창조적 개성을 포함하는 인간의 사상이나 감정을 표현한 것'이 되어야 하는데, 아이디어나 사상 또는 감정이 포함되지 않은 부분은 저작권 보호를 받지 못하는 측면이 있기 때문이다.

일반적으로 사람들이 생각하는 표절의 범위에 대해서도 일정 부분은 생각과 다른 사실들이 존재한다. 대다수 사람들이 '이건 표절이야!'라고 말해도 법적으로나 사실 관계 측면에서 판단할 때는 표절이 아닌 경우들이 있다.

예를 들어, 한 온라인 야구 게임이 다른 게임을 표절했다는 의혹을 받고 있다고 하자. 두 게임에 등장하는 모든 야구 선수 캐릭터들이 헬멧, 배트, 글러브를 착용했다고 해서 표절이라고 말할 수는 없다. 온라인 전략 시뮬레이션 게임에서도 마찬가지다. 폭탄이 터지는 방법이 유사하다고 해서 표절이 될 수는 없다. 이처럼 다른 방법으로는 대체할 수 없는 '일반화된 표현 방식'이 있다면 표절이라고 주장하기 어렵다.

테트리스^{Tetris} 게임을 생각해보자. 갖가지 모양의 블록을 쌓아 채워진 줄을 없애는 게임이다. 여기서 다양한 형태의 블록이나 일정한 빈틈을 채워 줄을 없애는 방식은 '아이디어'에 해당된다. 일반화된 표현이라서 그렇다. 반면에 블록이 쌓이는 공간의 크기, 다음 블록을 표시하는 것, 블록이 채워지는 위치를 표시하는 것 등은 '창작물'이다. 일반화된 표현이 아니기 때문이다.

그럼 콜라 병 모양을 흉내 내서 음료수 병을 만들었다면 이는 표절일까? 또는 동그라미를 이용해 미키마우스^{Mickey Mouse}가 연상되도록 쥐의 귀와 머리 부분만을 그려서 문구나 티셔츠 등에 사용했다면 이 경우도 표절에 해당되는 것일까? 이 경우 국내에서는 '의장 특허^{디자인 특허}'의 침해 여부를 고려하는 것이 우선이다. 특정 제품의 외형이나 로고의 모양과 색상 등에서 형태의 유사성을 고려할 수도 있다.

미국에서는 1989년에 개정된 상표법을 통해 콜라 병이나 미키마우스의 형태처럼 '제품의 고유한 이미지를 형성하는 색채, 크기, 모양'을 지적재산권의 하나인 '트레이드 드레스^{trade dress}'로 보호하고 있다.

국내에는 트레이드 드레스에 해당하는 명확한 개념은 없지만 부정경쟁방지법을 통해 보호받을 수 있는데, 여기서 말하는 부정 경쟁 행위가 무엇인지 '부정경쟁방지법 제2조 제1호'에서 찾아보면 '타인의 상당한 투자나 노력으로 만들어진 성과 등을 공정한 상거래 관행이나 경쟁 질서에 반하는 방법으로 자신의 영업을 위하여 무단으로 사용함으로써 타인의 경제적 이익을 침해하는 행위'라고 명시되어 있다.

이처럼 상표법이나 부정경쟁방지법 등의 법적 보호 장치가 생기는 것은 왜일까? 산업이 발달할수록 상품과 특정 경제 분야가 세분화되는데, 이에 따라 독창적인 아이템과 브랜드 디자인 등 무형의 자산까지도 보호해야 할 필요성을 사회가 공감하게 되기 때문이다.

그럼 다른 사람이 창작한 디자인 혹은 트레이드 드레스에 대해 법적 보호 장치를 가하는 이유는 무엇일까? 이를 이해하기 위해서는 광고 효과에 대한 이론을 살펴보는 것이 도움이 된다. 사람들은 본능적으로 광고 메시지를 접하면 이를 하나의 정보로 받아들인다. 대표적으로는 광고 모델의 이미지를 통해 메시지를 인식하는 것이 있다. 상품 광고에 있어서 모델의 역할은 상품의 이미지를 연상시키고, 소비자와 잠재적 구매자들에게 상품에 대한 기억력을 오래 유지하도록 해주는 것이다. 그래서 광고 속 모델과 상품의 이미지 적합도는 매우 중요하다.

상품의 종류가 다양한 만큼 광고의 종류도 다양해지는데, 광고에 대한 기준은 제품별, 매체별로 다르고 각각의 광고 장르마다 소비자 대상이 다르며 소비자에 따라 모델의 적합도도 달라진다. 그래서 광고와 장르, 광고와 모델을 어울리게 조합하는 것이 중요하다.

현대인들은 광고의 홍수 속에서 살아간다. 광고는 모든 사람들이 그 상품을 즐기고 있는 것처럼 보이게 한다. 또한 부속적인 소품과 장치는 상품을 더 사실적이고 직감적이게 만든다. 이 상품을 쓰지 않으면 시대에 뒤처진다는 의미를 숨기기도 한다. 그러나 '부작용 주의'와 같은 설명, 혹은 안내 문구 같이 보이는 '강요된 정보'는 그냥 읽고 지나가라는 식으로 중요하지 않은 것처럼 여겨지게 만든다.

이런 현상에 대한 광고 효과 이론을 보면, '조건 반사 이론'으로 감성적 조건 반사 반응을 광고에 이용한다는 것과, '광고 태도 이론'으로 광고 태도는 브랜드 태도나 구매 의도에 영향을 끼친다는 것이 있다. 이를 테면 사람들은 광고를 보면서 감성적 조건 반사에 따라 구매 의도를 가지게 된다는 의미다. 트레이드 드레스를 보고 그 제품이 무엇인지 떠올릴 수 있다면 구매 의사로 연결될 수 있다는 뜻이다. 법적 보호 장치를 만들어서 트레이드 드레스를 보호해야 하는 이유 중 하나다.

트레이드 드레스를 둘러싼 소송들

트레이드 드레스 분쟁은 나날이 급증하는 추세다. 많은 이들이 기억하는 애플apple과 삼성의 법적 소송도 그 사례가 될 수 있다.

애플의 아이맥과 닮기만 해도 죄?

애플의 경우에는 이보다 앞서 국내 컴퓨터 업체인 삼보와도 논쟁이 있었는데, 삼보의 일체형 PC인 'eONE'이 애플의 아이맥과 유사하여 소비자들에게 구매 시 혼동을 일으킬 수 있다는 주장을 펼치기도 했다. 국내 기업은 이러한 소송 자체를 이해하기 어렵다는 분위기였으나, 당시 일본 법원은 eONE의 판매 금지 결정을 내렸고 미국에서도 2000년 3월 애플의 승소로 결론이 났다. 이뿐만 아니라, MP3를 제조하는 국내 업체 I 사도 2005년 애플과 트레이드 드레스를 두고 디자인 도용에 대한 다툼[16]을 벌인 적 있다.

이처럼 급증하는 트레이드 드레스 분쟁에 대한 법적 보호 장치로는 특허법이 있는데, '입체상표 등의 기능성 심사'를 통해 상품이나 서비스의 고유한 이미지를 나타내는 모양과 색채, 크기 등을 포괄하여 상표 등록을 할 수 있게 되었다. 일례로 모 바나나 우유의 각진 용기 등을 말한다. 국내에서 트레이드 드레스를 보호받으려면 사용에 의해 식별력이 생기는 경우여야 하며 단순히 기능성 위주일 경우에는 상표로 등록받을 수 없다.

패션의 영역에 들어온 사다리꼴

그렇다면 핸드백 모양을 따라하는 것을 표절이라고 말할 수 있을까? 광고 이론을 참고하면서 디자인에 대해 알아보자. '1초 백' 혹은 '국민 백'으로 불리는 가방들이 있다. 거리에서 1초마다 눈에 띄어서 1초 백이라고 불리고, 많은 사람들이 같은 디자인의 가방을 메고 다닌다고 하여 국민 백이라 불리는 가방들이다. 이처럼 누군가 각고의 노력을 들여 창작해낸 디자인을 다른 업체에서 작은 수고도 들이지 않고 비슷하게 만들 수 있다고 생각해보자. 트레이드 드레스나 표절 아니면 저작권 침해 등으로 법적 제재를 가할 수 있는 방법이 없을지 고민하게 될 것이다.

예를 들어, 핸드백에서 자주 사용되는 트라페즈trapéze, 사다리꼴 디자인을 보자. 이 디자인은 1958년 크리스챤 디올Christian Dior 봄 컬렉션에서 유명한 패션 디자이너인 이브 생 로랑Yves Saint Laurent이 여성 속옷의 한 종류인 슈미즈 드레스를 변형한 트라페즈 라인을 선보이며 유명세를 얻었다. 일명 '트라페즈 룩'으로 불리는 이 디자인은 이 패션쇼에서 처음 시도된 스타일로, 여성의 무릎까지 오는 길이 치마를 사다리꼴 모양으로 한 형태였다.

사다리꼴 모양을 뜻하는 트라페즈 디자인은 스커트에서 시작된 이후 어느 순간 핸드백 디자인에 적용되었고 굴지의 여러 브랜드에서 앞 다투어 트라페즈 라인을 출시하기에 이르렀다. 대표적으로는 셀린느CÉLINE의 '트라페즈 백'이 있고, 구찌GUCCI, 펜디FENDI, 발렌티노VALENTINO, 마이클 코어스MICHAEL KORS, 멀버리Mulberry에서도 사다리꼴 모양의 가방을 내놓았다.

애플의 아이맥과 닮기만 해도 죄?

만약 트라페즈 핸드백 디자인이 트레이드 드레스에 해당된다면 여러 브랜드에서 표절하는 것으로 생각해야겠지만, 그렇지 않다. 핸드백의 외관상 디자인은 독창적인 창작물이라기보다는 하나의 틀이나 고정불변의 형태로 보는 인식이 있기 때문이다. 말하자면, 콜라병이나 미키마우스는 기존에 없던 것으로서 독창적인 형태에 해당되어 법적 보호를 받을 수 있다. 하지만 사다리꼴처럼 일반화된 모양이 존재하는 경우라면 핸드백 등의 제품에 활용한다고 하더라도 독창적인 창작물로서 보호받기가 어렵다. 디자인과 트레이드 드레스 및 법적 보호의 범위에 대해 밀도 깊은 검토가 필요한 지점이다.

누가 보기에도 유사하게 보이는 트라페즈 디자인. 이에 대해 트레이드 드레스를 주장하는 사람이 없는 이유는 역사 속에서도 이러한 디자인을 찾아볼 수가 있기 때문 아닐까? 그 시작은 유럽에서였다. 6세기 무렵 비잔틴제국 시대의 왕족들이 애용하던 의상으로는 팔루다멘툼paludamentum, 로룸lorum, 튜닉tunic 등이 있었다. 이 중 팔루다멘툼을 펼치면 트라페즈 모양이 나온다.

당시 사람들이 애용하던 의상 스타일에 대해 알아보자. 비잔틴제국 시대에는 고대 그리스와 로마 그리고 기독교 정신을 바탕으로 아시아의 화려한 문화가 융합되면서 탄생하게 된 독창적인 문화가 있었다. 당시 의상에는 자수와 보석이 사용되었고, 화려한 디자인을 강조했으며, 아시아에서 가져온 화려한 원단을 이용하여 기독교적 상징성을 의미하는 문양을 넣은 디자인들이 많았다. 의복에서는 금욕 생활을 상징하는 '달마티카dalmatica'와 '튜닉'이 대표적이었고, 지배층 계급에서 남자들이 입었던 '팔루다멘툼'과 여성들이 입은 '로룸'도 특색이 돋보이는 옷이었다.

비잔틴제국 시대란 서기 330년경 수도를 콘스탄티노폴리스Constantinopolis, 현재의 이스탄불로 옮긴 후의 로마제국을 지칭하는 표현인데, 1천 년이 넘는 시간 동안 나라가 유지되었으며 비잔티움제국, 동로마제국, 중세 로마제국으로도 불린다. 중세 유럽에서는 비잔틴 문화를 거치며 11~12세기에 로마네스크 문화, 15~16세기에 르네상스 문화가 형성된 만큼 유럽사에서 비잔틴 문화가 차지하는 비중이 적지 않음을 알 수 있으며, 현대 유럽에 이르기까지 패션으로 대표되는 의식주 문화의 여러 방면에서 전통이 이어져 내려오고 있다.

트라페즈 디자인의 팔루다멘툼과 같이 당시 유행하던 스타일로써 '달마티카'는 달마티아 지역에서 기독교인들이 처음 입기 시작한 의복이다. 당시 패션 스타일은 성직자를 연상하게 하는 디자인이 대다수였는데, 이런 점을 감안하더라도 달마티카는 비잔틴제국 시대에 널리 착용된 겉옷이다. 직사각형을 반으로 접은 형태에서 양쪽 팔 아랫부분을 다시 직사각형으로 잘라내고 목 부분의 라인을 일자 모양, 둥근 모양, U자 모양, T자 모양 등으로 만들어서 입는 옷이었다.

여성들이 입은 로룸이란 20센티미터 정도 되는 폭을 가진 긴 천인데, 두꺼운 견직물로 만들어져 보석과 자수로 장식된 것이다. 목 부분을 가운데로 하고 몸의 앞뒤로 길게 늘어뜨리는 형식이었다.

남성들이 착용한 팔루다멘툼이란 사다리꼴 형태의 원단을 사용해서 왼쪽 어깨 부위를 감싸고 오른쪽 어깨 부위에는 원단을 핀으로 고정시키는 스타일이다. 사다리꼴 형태가 아닌 경우에는 반원 모양의 디자인을 고르기도 했다. 다만, 평민 계층과 구분을 짓기 위해 당시 왕족들은 팔루다멘툼의 양쪽 가장자리 중앙 부분에 사각형의 원단을 덧대고 자수를 새기거나 보석으로 장식을 하였다. 이를 '타블리온tablion'이라고 불렀다.

현대의 패션은 나를 위해 입는 것이 아니라 상대방을 위해 입는 것이라는 말이 있다. 그러나 당시에는 '나를 위한 패션'이 위주였다. 특히 패션을 통해서 자기 신분을 나타내기도 했으므로 옷이 신분증의 역할까지 해낸 셈이다.

망망대해 위에서 물속을 들여다보는 법

그렇다면 이런 질문을 던질 수 있다.

"역사에서 비롯된 공통된 디자인이나 형태들은 표절 논란에서 벗어날 수 있는가?"

역사를 가리켜 과거에 있던 사실에 대한 기록이라고 한다면, 역사에 기록된 당시 시대의 사회적 상황과 사람들에 대한 이야기, 그리고 그러한 상황과 이야기가 현대 사회에서 어떻게 이어지는지에 대해 이해하는 것이 중요하다. 다시 말해서, 기록에 의해 철저히 고증된 문헌적 역사만을 그대로 똑같이 베껴 이용하기보다는, 시간의 흐름을 거쳐 생겨난 각기 다른 시대상을 관찰하고 이를 서로 이어주는 연계성을 가정한 후 그 사이에 공통점을 발췌하여 시대에 맞는 흐름을 이해하는 것이 중요하다. 예를 들어, A와 B의 시대 상황이 있을 때 A가 생겨난 이유와 B로 변해온 원인을 가정하고 역사적 사실에 비춰 개연성을 부여하는 것으로 이해해야 한다는 의미다.

역사에서 비롯된 공통된 디자인이나 형태일지라도 현대로 전해지면서 새롭게 어떤 디자인 또는 형태가 되었는지에 따라 표절 여부를 판가름하는 기준이 달라질 수 있다. 역사와 연대순에 따른 경향에 대해 살펴보면, 현재의 상황과 과거의 기록을 바탕으로 어떤 유행의 흐름을 이해할 수 있고, 더 나아가 미래의 상황을 가정하고 대비하는 지혜를 얻을 수도 있기 때문이다. 또한 기존의 도서와 인터넷이 다루지 않았던 '흐르는 트렌드streaming trend'에 대한 학습이 되는 것은 물론, 망망대해 위에서 고기가 다니는 물속 길목을 들여다보고 그물을 치는 어부의 대처 능력을 갖출 수도 있다.

역사는 인간이 살아온 지난 시간의 기록이다. 이 말은 역사에 따라서 인간이 살아가는 것이 아니라 인간이 살아가는 과정을 문자로 기록하면서 생겨난 것이 역사라는 뜻이다. 따라서 역사는 그 자체로 존재했던 사실이 아니라 인간이 살아가는 과정에서 기록되고, 변화되어온 삶의 기록인 동시에 시간의 기록이다.

앞서 살펴본 내용으로, 중세 유럽 비잔틴제국 시대에 유행하던 사다리꼴 모양의 디자인을 현대 사회에 이용하면서 핸드백이나 의상에 활용했다고 하자. 이 경우, 디자인 표절이나 저작권 침해 논란에서는 벗어나게 된다. 있는 그대로의 형태를 사용했기 때문이다. 하지만 어느 사람이 사다리꼴 문양을 원단의 패턴에 사용하면서 독특한 변형을 가했다면 이야기가 달라진다. 예전부터 있던 것이 아니라 누군가의 상상과 감정에 의해 새로운 창작물로 변형되었다는 점이 그 이유다. 이 사람이 만들어낸 사다리꼴 문양을 허락 없이 가져다 사용한다면 디자인 표절이나 저작권 침해 논란이 불거질 수 있다.

예로부터 있어 왔던 것을 현대에 다시 사용할 때 그 대상은 그림이나 디자인처럼 형태를 갖춘 것에만 해당되지는 않는다. 문헌에 실린 글과 문장에 의한 표현도 적용될 수 있다. 다만 문장과 글에 대한 부분은 현대에 이르러 사람들의 사고방식이 어떻게 달라졌는지, 성장해오면서 어떤 교육을 받았고 어떤 독서를 하면서 무엇을 배웠는지처럼 개개인의 지식 역량에 따라 차이가 생긴다. 똑같은 글과 문장을 보더라도 각자의 지식 정도에 따라 전혀 다른 의미로 해석된다는 점이다. 문장의 표절 논란이 '이 경우에는 이렇다, 저 경우에는 저렇다'라고 확정되기 어려운 이유다. 표절에 대해 아는 사람이냐 아니냐의 차이이기도 하고, 표절 교육을 제대로 받지 못한 사람이 저지를 수 있는 과오에 대해 우려이기도 하다.

역사에 등장한 것이라고 해서 누구나 표절 여부에 무관하게 바로 사용 가능하냐고 묻는다면 이에 대한 대답은 단순하지 않다. 바라보는 시각에 따라, 생각하는 관점에 따라 여러 가지 변수가 생길 수도 있다. 역사로부터 전해진 디자인과 형태이므로 누구나 써도 된다거나 안 된다고 확정할 수 없다는 의미다. 이렇게 물을 수 있다.

"그렇다면 과거에 있던 것이라도 현대에 다시 쓰면 표절일 수 있으니 함부로 사용하면 안 되는가?"

많은 이들이 궁금해하는, 현재 존재하는 것과 역사에서 존재하던 것 사이의 상관관계를 이야기할 때, 역사가 인간 삶의 과정이자 지난 시간의 기록이라는 점을 미리 전제해야 할 수 있다. 사회의 변화가 있었고 트렌드에 따라서 시시각각 변하는 삶의 과정을 흐르는 그대로 기록하기 때문이며, 사용하고자 하는 대상이 독창적으로 창작된 요소를 갖췄는지 아닌지에 따라 판단이 갈리기 때문이다. 단순한 트라페즈 디자인은 사용해도 되지만 독창적인 트라페즈 디자인은 표절이 될 수 있다는 이야기다.

다시 말해서 역사는 트렌드에 따라서 변하고, 트렌드는 인간이 살아가는 과정에서 나타났다가 사라진다. 역사는 변화해온 이벤트의 연속이라고도 말할 수 있다. 그런 역사로부터 전해온 것이라고 해도 각자의 삶의 방식에 따라 디자인과 형태가 변할 수 있다. 누구나 다 아는 것이니까 내 마음대로 사용해도 괜찮다고는 할 수 없다. 중세 유럽에 있었던 디자인이니까 요즘 갖다 써도 좋다는 뜻이 아니다. 표절 논란은 어떤 경우에도 생길 수 있다는 점이 중요하다. 표절을 염려하며 남의 것을 쓰려고 하지 말고 간단하게, '내가 생각해서 내가 창작한 것이면 상관없잖아?'라고 여겨도 좋다. 다만, 눈에 보이는 것이 모두 좋다고 해서 마구 가져다 쓸 것이 아니라 나만의 것을 만들려는 '창작의 노력'이 필요하다.

역사를 보면 트렌드가 보인다

이 점을 염두에 두고 표절을 이야기할 때, 유물과 유적을 통한 객관적인 사실을 알고 나서 현대에 사용할지 말지 결정하는 것이 일차적인 활용법이다. 한걸음 더 나아가 역사적 흐름을 보면서 과거의 사람들이 어떻게 행동하며 사용했는지 이해할 경우, 현재를 바탕으로 미래의 변화까지 예측할 수 있게 된다. 이렇게 하여 미래에도 사용할 수 있도록 효용 가치가 큰 디자인과 형태를 개발하여 사용하는 것이 이차적 활용법이다. 역사를 이용한다고 말할 수 있겠다. 현재의 트렌드를 과거로부터 되짚어보되 미래까지 예측할 수 있다.

요즘 우리가 입는 의상이나 모자, 액세서리들도 생각해보면 모두 예전부터 존재하던 것들이다. 고대 사회에서도 옷은 입었고 화장품도 사용했다. 하지만 신석기시대나 중세 유럽에서 사용하던 것들 모두를 지금도 사용하지는 않는다. 어떤 도구들은 디자인도 바뀌었고 심지어 용도도 다르게 사용되는 것이다. 왜 그럴까?

현재에 집중하는 사람들은 역사가 재미없고 지루하며 따분하다고 말한다. 역사가 자신과 관계없고 알아도 별 실용 가치가 없는 내용이라고 여긴다. 딱딱하게 인쇄된 글자로 읽고 외워야 하는 과거 이야기라고 생각한다. 과거에 살지도 않았고, 과거에 살 일조차 없는 사람들이 단지 시험 때문에, 성적 때문에 옛 기록을 배워야 한다니 지루하고 따분하다는 이야기가 나오는 것도 당연하다.

하지만 역사라는 것이 재미있고, 한걸음 더 나아가 우리에게 현실적인 도움까지 줄 수 있는 분야라는 사실을 모르고 하는 이야기다. 역사란 과거를 알아두는 학문이 아니라 현재를 판단하고 미래를 준비하는 학문이기 때문이다.

특히 표절의 역사를 살펴보면 게임과 영화, 방송과 영상, 광고 등에 이르기까지 표절 논란이 불거진 현재의 콘텐츠가 과거에는 글과 그림, 시와 서예의 형태로 존재해오던 것을 알 수 있다. 지금 이 순간에도 사람들은 과거를 통해 실시간으로 현재를 보는 중이다.

예를 들어, 이 글을 읽는 당신이 인터넷에서 어떤 정보를 검색한다고 할 때, 그 정보는 과거의 정보다. 다시 말해서 당신은 정보의 바다라고 부르는 인터넷에서조차 과거 헤집기에 열중하고 있는 것이다. 실시간 메시지란 없다. 상대방의 메시지를 당신이 읽으려면 과거의 메시지여야만 한다. 당신이 읽는 것은 모두 과거다. 당신이 생각하는 것만큼 역사란 당신 삶과 동떨어진 존재가 아니다. 현실 속에서 역사를 필요로 하는 당신이 '역사'라는 단어 앞에서 '고리타분하고 불필요하다'는 판단을 하게 되는 것 자체가 모순이라고 생각하지 않는가?

표절에 대해 이야기하면서 역사와 트렌드의 변화에 대해 설명하는 이유가 여기에 있다. 당신의 현재를 짧은 순간의 과거들이 모여서 만드는 것처럼, 사람들에게 표절이란 짧은 과거의 순간을 통해서 이뤄지는 일이기도 하다. 실시간 동시 표절이란 없다는 말이다. 누군가 창작을 하고 다른 사람이 이를 표절한다는 뜻은 최소한 기존의 것이 나중의 것보다 앞서 존재해야만 한다는 전제가 붙는다. 표절의 '순간'을 이야기하기 위해 트렌드와 과거의 역사로부터 전해오는 디자인과 형태에 대해 장황하게라도 설명하려는 의도가 여기에 있다. '순간'이란 단어는 '같은 시간'이란 의미가 아니라 '앞의 것과 뒤의 것의 시간 차이'가 짧음을 나타내는 말이라 할 수 있다.

표절의 역사도 의식의 역사와 흐름의 속도를 같이 한다. 구석기시대, 신석기시대, 청동기시대에 이어 조선시대 그리고 근현대사에 이르기까지…. 사람들의 생활상이 변화되었던 원인은 다른 나라와 주고받은 '문화'와 '의식의 변화'에 있다. 자생적인 문화가 아니라 다른 문화를 받아들이고 변화시키거나 활용하면서 만들어진 의식의 변화를 말한다. 2016년을 전후로 한 현재 대한민국의 신新 트렌드도 마찬가지다. 지나온 역사 속에서 거쳐 온 것일 뿐이며 그 트렌드 속에 역사가 있다. 그리고 그 사이에 표절 논란은 항시 존재해왔다.

따라서 매 초마다 바뀌는 트렌드의 변화 속도가 빠르다고 해도 역사 속에서 흐름을 알면 미래 예측이 가능하다. 각 상황 속에서 사람들이 어떻게 변했듯이, 현재의 조건이라면 사람들의 의식과 그 삶의 모습이 어떻게 변화될 것이라는 예측이 가능하다는 뜻이다. 트렌드를 읽지 못해서 뒤쳐졌던 지난 과거의 시행착오를 반복하지 말아야 한다. 표절하고 복제하고 따라하는 생활에서 벗어나야만 새롭고 독창적인 트렌드가 생긴다는 것과 같은 맥락이다.

그래서 역사 속의 표절을 이해하려면 지나온 과거로부터 현재에 이르기까지 트렌드의 변화를 통해 시대별 특징을 알아보며 현대 사회의 인기 트렌드를 소개하고 그 유래를 과거의 역사 속에서 찾아야 한다. 역사는 책이나 문자를 통해 과거의 특정 사실을 머릿속에 넣는 공부가 아니다. 현재를 살아가는 사람들이 현재를 살아가기 위해 반드시 알아둬야 하는 필수 트렌드에 대한 이해와 일상생활에 필요한 지식 이상의 상식을 과거에서 유래를 찾아 이해할 수 있는 학문인 것이다.

가요계의 톱스타,
왜 최정상에서 은퇴했을까?

인터넷이 비밀을
폭로하는 시대

▌ 머라이어 캐리와
마룬 5는 피해자인가

우리는 문화적 다양성의 시대를 살아가고 있다. 이런 상황에서 자국 고유의 문화만을 계승하고 후대에 전하기보다는 여러 나라의 문화를 받아들이면서 융합하고 혼용하는 것이 당연시된다. 한국의 TV 방송 어린이 시간대에 일본 애니메이션이 방송되고, 가정마다 저녁을 먹을 시간에는 미국 시트콤이 방송되는 풍경은 이제 색다른 모습이 아니다. 방송과 인터넷 등 각종 미디어를 통하면 하루 종일 세계의 모든 콘텐츠를 접할 수 있다. 어디 이뿐인가? 채널도 급증하고 매체가 다양해지면서 미국 드라마, 일본 드라마를 국내에서 실시간으로 시청하는 사람들도 많아졌다. 우리는 이른바 문화 혼재의 시대를 살아가는 중이다.

유럽식 팝 음악의 매력에 빠지기 시작한 것이 언제부터였는지는 기억도 나지 않는다. 하지만 이제는 한국에서도 세련된 음악이 많이 나오고 있다. 영화를 보더라도 할리우드 영화보다 더 재미있고 관객 수가 넘치는 한국 영화들이 등장하고 있다. 인터넷에 의한 문화 교통의 시대가 온 것이다.

아시아 문화와 서양 문화가 만나면서 독창적인 트렌드가 생기기도 했다. 예를 들어 미국과 유럽 지역의 인기 작곡가가 만든 노래를 한국인 가수가 부르는 일이 있었는데, 유럽 음악에 한국인의 정서를 담을 수 있었으며 큰 인기도 얻는 중이라고 한다. 한편 우리나라에서는 일찌감치 서양의 힙합 음악에 집중해서 전문성을 파고든 독자적인 한국형 힙합 음반기획사가 인기를 얻기도 했다.

일부는 미국 음악을 한국 가수들에게 부르게 해서 현지 시장에 진출하려는 시도도 있었다. 미국인들 입장에서는 그들의 노래를 아시아 여성 가수가 부른 것에 지나지 않았지만, 국내에서는 미국 본토 팝 시장에 진출해 도전한다는 다소 거대한 의미를 부여하기도 했다. 서구 문화를 받아들인 아시아에서 거꾸로 우리들만의 방식과 콘텐츠로 외국 본토에 진출하려는 시도였다.

한국에서 인기 있는 노래가 반드시 한국인에 의해서 작사, 작곡되어야만 하는 것도 아니다. 또한 미국에서 인기를 얻으려면 미국인이 만든 노래여야 한다는 생각도 불필요해진지 오래다. 이른바 정서 공유의 시대다.

단점이라면 표절 논란도 더 많아졌다는 것이다. 인터넷이 없고 국가 간 문화 소통과 교류가 인위적인 노력으로만 가능했던 시대에는 미국 노래를 한국 가수가 표절해도 쉽게 알아챌 수 없었다. 국내에서 1990년대, 그러니까 인터넷이 활성화되기 전까지 외국 음악은 현지에서 CD를 사거나 비디오테이프로 구해서 들어야만 했었다.

당대에 큰 인기를 얻던 한 가수를 기억한다. 1990년대, 국내에 X세대가 등장했을 무렵이다. 외국 문화를 접하려면 비디오테이프라는 미디어를 이용해야 했던 시대, 한국 가요계에 등장한 이 남자 그룹은 무척 신선했다. 당시 국내에서는 자주 접할 수 없었던 힙합 스타일과 의상을 입고 흥미로운 음악과 춤, 가사를 사용해서 만든 노래들로 순식간에 한국의 젊은 세대를 파고들었다. 그들은 곧 대스타가 되었다.

하지만 얼마 지나지 않아 인터넷이 주요 미디어로 자리 잡으며 상황이 달라졌다. 이 그룹이 돌연 해체를 선언하고 은퇴를 발표한 것이다. 인터넷이 국내에 들어오기 시작한 1990년대 중반의 일이었다. 이들의 은퇴 시기가 인터넷이 들어오기 시작한 때와 겹친 것은 그저

공교로운 일이었을까?

당시는 국민 대다수가 외국 음악과 춤 그리고 각종 방송 콘텐츠를 실시간으로 안방에서 시청할 수 있게 되며 바야흐로 콘텐츠 붐이 일던 시기다. 당시에 최고의 가수로 인기를 얻던 이들 중에는 외국 히트곡을 가져와서 따라했다는 의혹을 받는 경우가 없지 않았다. 집집마다 비디오테이프를 볼 수 있는 장비가 있던 시대가 아니다. 컴퓨터도 1990년대 전후에야 도입되기 시작했었는데, 기껏해야 흑백 모니터에 워드프로세서 등이 전부이던 때다.

하지만 어느새 인터넷을 통해 실시간으로 각 나라의 문화 흐름과 콘텐츠를 공유하는 상황이 되다 보니까 음악이나 영화, 광고 영상도 누가 누구의 것을 표절했는지 금방 드러나게 되었다. 일본 음악이 전해지고 미국 음악도 들어왔다. 노래를 부른 가수들의 춤과 의상 스타일, 그룹 이름도 알려졌다. 마침 해외여행을 하는 사람들도 늘어나면서 외국 문화는 더욱 급속도로 국내에 들어왔다. 기존 유명 가수들의 노래나 의상 스타일이 사실은 그들 스스로 창작해낸 것이 아니라, 외국의 것을 모방하고 표절했었다는 사실이 조금씩 드러나기 시작했다. 우리가 좋아하던 문화가 이미 외국에서 유행하던 문화였다는 사실이 드러난 것이다. 미디어의 등장으로 인해 정서의 공유가 생기며 표절 논란이 발생했다.

서양 음악을 즐겨 듣는 사람들이 많다보니 국내에서 어떤 노래가 새로 나와도 서양 음악과 비견되는 추세가 생겼다. 어디에서 들어본 음악이라는 의견이 나오기 시작하면 인터넷에서는 금방 유사한 곡의 사례가 등장하며 표절이 의심된다는 소문이 이어졌다. 2006년에 출시된 어느 국내 가수의 곡은 머라이어 캐리^{Mariah Angela Carey}가 부른 같은 제목의 곡과 비슷하다는 의혹을 불러왔다. 또 다른 곡은 외국의 유명 가수 마룬 5^{Maroon 5}의 곡을 샘플링^{sampling, 기존 곡의 연주 음원을 따서 쓰는 기법}한 곡이라는 매체 보도도 이어졌다.

표절 의혹을 받은 이들이 대부분 청소년들에게 큰 인기를 독차지하는 유명 가수라는 점에서 대중문화계에 퍼진 충격은 작지 않았다. 같은 해 12월에 출시된 어느 정규 음반에서는 자넷 잭슨^{Janet Damita Jo Jackson}의 〈저스트 어 리틀 와일^{Just A Little While}〉과 유사한 곡이 포함되었다는 의혹이 불거졌으며, 머라이어 캐리의 〈잇츠 라이크 댓^{It's Like That}〉과 유사한 곡이 있다는 논란도 생겼다.

지금도 큰 인기를 얻는 어느 가수는 2007년 8월에 선보인 노래들 중에서 일본 가수 프리템포^{FreeTEMPO}의 〈스카이 하이^{Sky High}〉와 유사한 곡이 있다는 의혹을 받았으며, 역시 일본 가수인 다이시 댄스^{Daishi Dance}의 〈문 가든^{Moon Garden}〉과 비슷하다는 의혹도 얻었다. 2007년 11월에 출시한 앨범 수록곡 중에서도 역시 다이시 댄스의 곡인 〈P.I.A.N.O.〉와 유사한 곡이 있다는 의심의 눈초리에 시달려야 했다.

2009년 8월, 또 다른 가수의 솔로 음반에 수록된 곡 중 일부는 스웨덴 프로듀서들과의 공동 작업으로 만들어진 곡이라는 사실이 전해졌으나 다른 곡은 영국 록 밴드 오아시스^{Oasis}가 1995년 출시했던 〈쉬즈 일렉트릭^{She's Electric}〉과 유사하다는 의혹을 받았다.

아무로 나미에, K팝을 표절하다?

표절 의혹은 한국과 외국의 경우에만 해당되는 것이 아니었다. 국내에서 다른 가수의 노래를 표절한 것이 아니냐는 의혹도 부지기수였다. 어느 곡은 국내 힙합 그룹인 다이나믹 듀오^{Dynamic Duo}가 가수 알렉스^{Alex}의 피처링을 넣어 2008년 출시한 곡 〈솔로^{Solo}〉와 유사하다는 이야기를 들어야 했다. 그 가수의 노래 중에는 캐서린 맥피^{Katharine Hope McPhee}가 2007년 출시한 〈낫 유어 걸^{Not Ur Girl}〉과 닮았다는 의혹을 받았던 곡도 있었는데, 이처럼 표절 의혹을 받는 것은 특정 가수에게만 해당되는 사례는 아니었다. 요즘에는 어느 가수의 음반이 출시되고 새로운 수록곡들이 알려지는 동시에 외국의 어느 곡과 유사하다, 표절이 아니냐는 의혹이 같이 생기는 추세이기도 하니까 말이다.

워낙 많은 표절 사례가 빈번히 등장하다 보니 일부 가수들은 아예 외국 음악인들과 공동 작업을 추진하기도 했는데, 이런 세세한 사실들이 국내에 전해지지 않으면서 또 다른 오해를 만들기도 했다. 외국에 유사한 곡이 있으면 일단 표절 의혹부터 제기하는 식이었다. 반대로 표절 의혹을 받던 곡이 실상은 해당 외국 뮤지션과 공동 작업한 곡이라는 사실이 알려지는 경우도 있었다. 유사한 곡의 출현을 두고 원인을 생각해보기도 전에 일단 표절부터 의심하고 보는 경향이 아니었을까?

2011년 겨울의 일이다. 일본의 가수 아무로 나미에安室奈美惠의 노래 〈싯! 스테이! 웨이트! 다운!Sit! Stay! Wait! Down!〉이 국내 모 가수의 노래를 표절한 것 아니냐는 의혹이 일본 내에서 제기되었다. 국내 가수가 외국 곡을 표절한 것이 아니냐는 의심을 넘어서 외국 가수가 우리나라 가수의 노래를 표절한 것 아니냐는 의심이 생긴 것이다.

이렇듯 '정서적 공유'란 문화 소비를 같이 한다는 차원을 넘어 생각과 추구하는 감성까지 비슷해질 수 있다는 논리로 이어질 수 있다. 같은 음악을 좋아하고 같은 영화를 보고 감동받으며 서로 잘 어울리는 사람들이라면 그들의 정서가 유사하다고 말할 수 있는 것 아닌가. 정서가 같다면 음악이나 영화에서도 공유하는 감동이 있을 것이다. 하나의 민족 안에는 같은 정서가 존재한다고 하는데, 만약 가족 중 한 명은 국내에서 살고, 다른 가족 구성원은 미국에서 살다가 수십 년, 혹은 그 이상의 시간이 지나서 서로 만난다면 어떨까? 한 가족으로서 느끼는 정서가 있을까?

음악적 표절이란 문제는 결국 어떤 음악을 듣고 공유하는 감동이 같아서 생기는 일 중에 하나라고 가정한다. 언어도 다르고 생김새도 다르며 체격도 제각각이고 역사를 공유하지도 않았지만 왠지 모르게 감성이 통하는 사람들이 있지 않은가? 물론 정서가 같다고 해서 개개인의 취향이 같다는 법은 없다. 하지만 최소한 정서가 같다는 것은 취향이 크게 다르지 않을 것이라는 기대를 하게 해준다. 주로 같은 민족, 같은 가족 사이에서 생기는 부분이다.

크게 보자면 나중에 역사를 파헤쳐보니 하나의 민족에서 흩어져 서로 다른 지역에서 살았을 뿐, 동일한 뿌리나 기원을 지녔다는 사실을 알게 되는 경우도 해당될 수 있다. 국내에 살아가는 사람들과 러시아 연해주 지역에서 살아가는 이들의 언어가 비슷하고 정서가 유사한 부분이 있다는 사례에서도 드러나는 사실 아닌가?

어떤 음악이 있다. 그리고 다른 음악을 들었다. 그런데 '분명 누군가 남의 음악을 표절했다'고 생각되는 경우가 있다. 그런데 그 '남'이라고 생각했던 이들이 정서적 공유가 가능한 사이였을 경우라면 어떨까? 같은 민족이라서 느끼는 영감이기에 서로 닮았던 것은 아닐까?

같은 민족이라서 표절 논란이 생길 수는 있지만 정서가 같으므로 표절이 아니라는 이야기가 아니다. 서로 다른 지역에 살아도 가족이나 민족이 같을 경우, 그리움이나 본능적인 정서가 같다는 조건에서 그들이 만드는 음악이나 노래 중 생기는 표절 논란을 어떻게 판단할 것인가에 대해 고민해봐야 한다. 아무리 지역적으로 멀리 떨어진 나라들이지만 어떤 음악을 만들든 유사할 수밖에 없지 않은가 고민해볼 필요가 있기 때문이다.

〈베사메 무초〉의 원곡이 따로 있다?

조금 다른 경우도 있다. 선대에 살았던 음악가를 너무나도 흠모한 후대의 음악가 이야기다. 이 음악가는 곡을 만들며 자신이 좋아하던 그 음악가의 곡을 자기도 모르는 사이에 일부 이용하게 되었다. 후대로까지 '정서의 공유'가 발생하면서 나중에 표절 논란이 생긴 경우다. 비유하자면, 《홍길동전》을 읽은 사람이 나중에 자기 소설을 쓰면서 《홍길동전》에 나온 문구를 출처도 밝히지 않고 자기 글처럼 그대로 이용한 것이다.

이 논란은 멕시코에서 벌어졌다. 여류 피아니스트이자 작곡가인 콘수엘로 벨라스케스Consuelo Velasquez는 1941년 〈베사메 무초Besame Mucho〉라는 곡을 세상에 내놓았다. '진하게 키스해주세요'라는 의미의 제목을 붙인 이 노래는 비틀즈와 셀린 디온Celine Marie Claudette Dion처럼 유명한 가수들이 리메이크하면서 세계적으로 큰 인기를 끌었다. 그런데 이 노래에 대해 조금 더 알아보면, 엔리크 그라나도스 Enrique Costanzo Granados y Campiña의 곡 〈고예스카스Goyescas〉에서 유사한 노래 마디를 찾아볼 수 있다. 그라나도스는 멕시코를 대표하는 작곡가이자 피아니스트인데, 〈고예스카스〉로 '최고의 걸작'이라는 찬사를 얻었다.

여기서 중요한 것은 〈고예스카스〉의 멜로디모티프 두 마디가 〈베사메 무초〉의 것과 같다는 점이다. 우연이었을까? 아니면 의도된 표절이었을까? 지금은 두 작곡가 모두 세상을 떠난 뒤라서 정확한 진위를 확인할 길이 없지만, 콘수엘로의 이야기를 통해서 짐작할 수 있는 정황이 몇 가지 있다. 콘수엘로가 피아니스트로 성장하면서 그라나도스의 작품을 대단히 좋아했다는 점, 그리고 연주하고 공부하는 과정에서 그라나도스의 작품들이 콘수엘로의 기억 속에 자리 잡게 되었다[17]는 점이다.

취향이 같은 사람들이 정서적 공유를 이루면서, 나중 사람이 앞 사람의 곡을 공부하다가 자신의 음악을 만들었다면, 그 두 사람 사이에 악보가 일치하게 된 것도 필수불가결한 일은 아니었을까? 그렇다고 해서 표절 논란에서 벗어나는 것은 아니지만 어쩌면 정서적 공유를 누리는 모든 사람들이 주의해야 할 부분인 것만은 확실하다고 하겠다. 정서를 공유한다고 해서 다른 이의 창작물을 내 것처럼 써도 되는 것은 아니기 때문이다.

고고학계의 천재 학자,
사기꾼으로 추락하다?

전 세계 앞에서
펼쳐진 '유물 발굴 쇼'

**| 동아시아의 역사를
뒤흔들 유물이 발견되다 |** 표절 여부를 판단하는 것은 1차
적으로 전문가의 몫이다. 논문
표절 심사는 각 논문심사위원회에서 맡고, 프로그램이나 음악 등의
저작권 침해 혹은 표절 여부 심사는 그 분야의 전문가가 판단한다.
물론 대다수의 경우에는 민사적 손해 배상 청구에 의해 법원의 판단
을 받는데, 이 경우에도 법원의 위촉을 받은 전문가가 표절 여부를
1차적으로 심사하게 된다. 그래서 전문가만큼은 표절 논란에서 핵
심적인 역할을 담당하게 된다.

그런데 표절을 당했다고 느낀 당사자의 입장은 조금 다르다. 전문
가의 판단을 기다리기도 전에, 전문가에게 가서 표절인지 아닌지 판

단해달라고 하기 전에 감정적인 분노와 창작에 대한 좌절감을 갖는 것이 일반적이다.

실제 사례를 보자. 패션 업체 A가 트렌드를 조사하고 오랜 기간 자금을 투자하여 출시한 시즌 디자인이 있다. 그런데 경쟁 업체 B에서 A와 비슷한 시기에 유사한 디자인을 출시했다고 하자. 소비자 입장에서는 어느 디자인이 누구의 것인지 모르는 상황이 된다. 게다가 A 업체보다 B 업체가 가격마저 싸게 판다면 소비자는 어느 곳을 선택할까? 당연히 B 업체로 몰린다. A 업체에서는 디자인을 누가 개발했는지 알아주지 않는 소비자들에게 허망함도 느끼고 좌절도 하겠지만, 무엇보다도 B 업체가 동종 업계에서 비합리적인 경쟁을 한다는 점에 분노하게 된다.

"우리가 얼마나 고생해서 출시한 디자인인데!"

이쯤 되면 A 업체 사장은 B 업체에 가서 먹살잡이라도 하고 싶은 심정이 되는 것은 물론이다. 하지만 이러한 디자인 표절 의혹은 대부분 법적 판단으로 가기 전에 절차의 복잡성과 시간적 비용 탓에 유야무야되는 일이 많은 것이 현실이다. 법적으로 이의를 제기하려면 누가 누구의 디자인을 표절했는지 확실한 증거가 있어야 하는데 현실에서는 그런 증거를 확보하기가 어렵기 때문이다.

디자인뿐만 아니라 방송 프로그램 등의 표절도 마찬가지다. 누가 누구의 것을 보고 표절했는지 증거가 필요한데, 이를 입증하는 과정이 쉽지 않다. '이런 정황이 있다. 이럴 가능성이 있다'는 정도로는 부족하다는 의미다. 이처럼 검증하기 어려운 표절 논란에서 전문가의 역할은 그만큼 중요하다고 할 수 있다.

그런데 만약 전문가가 표절을 감행한다면 그것은 누가 판단할 수 있을까? 표절은 전문가나 전문가적인 식견을 가진 사람들에 의해 드러나는 것이 일반적인데, 만약 그 전문가가 표절을 한다면 그것이 표절이라고 감정해낼 만한 또 다른 이가 존재하느냐 하는 문제가 생긴다. 게다가 표절 의혹을 받는 인물이 해당 분야에서 어느 정도 위치를 차지한 인물이라면 문제는 더욱 어려워진다.

디자인이나 소설처럼 증거가 눈에 드러나는 표절은 대상이 명확해 판단을 내리기도 비교적 쉽다. 반면 표절 여부를 판단하기 애매한 경우가 있다. 표절인지 아닌지 확신이 들지 않을 때도 그렇지만, 표절 판단을 내려야 할 전문가가 표절을 해버린 상황이라면 문제가 복잡해진다. 이 경우 판단을 내릴 주체가 사라지게 되므로 표절이 아닌 것으로 결론 내려질 위험이 있다. 이러한 상황은 표절 여부를 가릴 대상이 명확한 경우에는 해당되지 않으며 '이슈 표절'에서 주로 등장하고는 한다.

이슈 표절이란 세간에 화제가 된 이슈를 표절하는 것을 말한다. 누군가와 똑같은 이슈를 만들거나 아니면 화제가 된 사건보다 더 화제가 되는 일을 만들어서 사람들의 주목을 받는 것이다. 사람들이 집중하는 이슈를 표절하기 때문에 이슈 표절이라고 부른다.

여기서 이슈라는 것은 유행이나 트렌드가 아니다. 어느 누군가에 의해 생겨난 '화젯거리'를 일컫는다. 주로 학계에서 연구 성과를 발표하며 표절하는 경우가 많다. 연구에서 나온 실험 결과나 이론을 표절하는 것이 아니라 연구의 성과를 놓고 '우리가 저들보다 더 앞선 기술을 이뤘다'는 식으로 세간의 이목을 끄는 것을 말한다. 이슈를 가져오기 위해 모든 실험 성적이나 논문 내용들은 조작되는 것이 일반적이다.

1970년대 후반의 일이다. 한국에서 주한미군으로 근무하던 그렉 보웬Greg Bowen 상병이 한탄강변을 걷다가 돌 하나를 발견[18]했는데, 그것이 최고 30만 년 전의 구석기 유물이라고 밝혀졌다. 보웬의 발견은 고고학적으로 획기적인 사건[19]이었다. 당시에는 '구석기 문화 이원론'이 지배적이었는데, 이는 할람 모비우스Hallam Leonard Movius 교수의 이론으로 유럽이나 아프리카에 비해 동아시아의 문명 발달이 늦었다는 내용이다. 유럽이나 아프리카와 달리 동아시아에는 아슐리안Acheulean 석기가 없으며 찍개류의 석기 문화가 전부라는 것이었다. 아슐리안이란 아슐[20]이라고도 부르는데 전기 구석기 시대 석기를 제작하는 고고학적인 공법으로, 아프리카를 떠나 유라시아로 건너온 인류가 이 방식으로 만든 석기를 사용한 최초의 인류였다고 전해진다. 한편 찍개류 석기란 한쪽 가장자리에 날이 있으며 형태의 변형이 다양한 석기를 말한다. 그런데 보웬의 발견으로 이것이 수정되는 일이 벌어진 것이다. 그가 구석기 유물을 발견한 지역은 1978년 서울대 고고학과의 발굴을 거쳐 국가사적 제268호로 지정되었다.

▌ 잇따라 발견되는 구석기 유물

그런데 정작 더 큰 사건이 얼마 지나지 않아 옆 나라 일본에서 터졌다. 고고학 이론이 바뀔 정도로 대단한 사건이 한국에서 일어났으니 이웃 나라인 일본에서는 난리가 난 상황이었다. 일본의 구석기 문화가 한국을 거쳐 전달되었다는 식의 이론까지 수립 가능했기 때문이었다. 1970년대 후반 한국에서 구석기 시대 유물이 발굴되고 국가사적으로 지정되는 일이 벌어졌을 무렵이다.

그런데 1981년 후지무라 신이치藤村新一라는 일본인 학자가 미야기宮城 현 자자라기座散亂木 유적지에서 4만 년 전의 것으로 추정되는 유물을 발굴해냈고, 이후 50만 년, 70만 년 전의 구석기 유물을 연달아 찾아냈다. 그의 놀라운 행보는 멈출 줄 몰랐다. 그는 단숨에 일본 고고학 전문가로 전국적인 명성을 얻기 시작했다. 당시만 하더라도 일본에서는 이렇게 오래된 유물이 나온 적 없던 상황이었다.

세계 고고학계의 관심은 한국에서 일본으로 옮겨갔다. 일본에 최초의 인류가 60만 년 전에 출현했다는 주장도 등장했다. 도호쿠東北 구석기 문화 연구소라는 단체가 생기고, 유물 발굴의 천재인 후지 무라를 부이사장 자리에 앉혔다. 하지만 일본인의 기원에 대한 기존 학설을 깨는 그 유물이 결국 조작된 것이었다는 사실이 밝혀지면서 일본 사회 및 고고학계는 큰 충격에 빠지고 말았다. 있지도 않은 구석 기 유물을 만들어서 땅에 묻었다가 파내고는 이슈를 표절한 셈이다.

유물 조작 사건[21]이 드러나면서 도호쿠 구석기 문화 연구소는 문 을 닫았다. 후지무라가 발굴해낸 유물들에 대한 조사를 거쳐 조작된 유물들이 모두 폐기된 것은 물론인데, 더 큰 문제는 일본 내 교과서 에 수록된 유물들이었다. 후지무라의 업적을 수록하고 유물들을 소 개한 내용을 싹 바꿔야만 했던 것이다. 개인이 벌인 유물 조작이 일 본 사회 전체의 신뢰에 금 가게 한 사기 사건으로 결론 난 일이었다.

사진을 그림으로 옮겨도
베낀 것일까?

NBA 경기 장면을 따라한
전설적인 스포츠 만화

**얼핏 보면 헷갈리는
일본 차와 한국 차**

사람은 남의 것을 모방하는 데
서 희열을 느끼는가? 서점가에
는 언젠가부터 '따라 그리기', '따라 쓰기', '모양 본 따 만들기'가 유
행이다. 이 경우 표절에 해당되지는 않는지 생각해보자. 필사에서
비롯된 표절 가능성에 대해서 말이다. 본 따 그리기처럼 의도되지
않은 표절이란 것이 있을까? 아름다운 정원의 스케치를 따라서 그
리고 색깔을 넣으며, 누군가의 멋진 글을 그대로 옮겨 쓰고 자신의
수첩에 담아둔다면 이는 표절일까 아닐까?

표절의 요건은 '다른 이의 창작물을 마치 내 것처럼 사용하는 경
우'에 있다. 그러니 출처를 밝히지 않고 저작자를 드러내지 않는 경

사진을 그림으로 옮겨도 베낀 것일까?

우만을 두고 말한다면, 단순히 따라 그리고 따라 쓰기만 했다고 해서 표절이라고 부를 수 없다. 내 것처럼 공표하지 않았기 때문이다. 이처럼 표절이란 다른 이의 창작물을 '내 것처럼 공표할 때' 논란이 생긴다. 자신의 노트에 에펠탑을 그리거나 누군가의 시구를 따라 써 두는 정도로는 표절이 아니다.

결과물이 유사할 경우에도 표절을 의심할 수는 있다. 우연히 일치할 수 있을 정도로 유사한 정도라면 표절이 아니겠지만, 우연으로 볼 수 없을 정도로 비슷하다면 표절을 의심할 수밖에 없다. 하지만 누가 봐도 똑같다고 할지라도 표절로 보기 어려운 경우가 있는데, 두 창작물을 만든 사람들 사이에 전혀 인연이 없는 경우다. 만에 하나라도 누군가 똑같은 생각을 해서 유사한 창작물을 만들 수도 있다는 가정을 할 수 있기 때문이다.

예를 들어보자. 원고지와 모눈종이처럼 그 형태가 유사할 경우, 어느 쪽이 다른 한 쪽을 표절했다고 말할 수 있을까? 장기판과 바둑판, 그리고 체스보드를 생각해보자. 타일이 붙은 건물의 외벽도, 욕실 내의 타일도 모두 격자무늬다. 창호지를 바른 문도, 네모난 격자 틀 구조를 사용하여 만든 소쿠리도 비슷한 꼴이다. 이처럼 어떤 창작물을 만들 때 결과물이 유사하다면 이는 표절이라고 할 수 있을까?

일단 원고지에 대해 알아보자. 원고지는 글자 수를 파악하고 각

글자를 구분하기 위해 정사각형의 칸을 그려놓은 종이를 말한다. 200자 원고지와 400자 원고지가 주로 사용되지만 1천 자 원고지도 사용되는 편이다. 원고지를 처음 사용하기 시작한 나라는 일본이다. 1603년 도쿠가와 이에야스德川家康가 에도江戸 막부를 연 것을 시작으로 1867년 정부군이 에도 성을 함락시키기까지 265년간의 에도시대에도 원고지처럼 생긴 모양의 종이를 볼 수 있었다. 하지만 원고지가 널리 보급된 것은 메이지明治 시대1867년부터 메이지 일왕이 사망한 1912년까지 40여 년 동안에 해당되는 시대를 지나면서부터다. 세로쓰기를 하는 일본에서 먼저 사용되다가 한국이나 중국에 보급되면서 가로쓰기에 적합한 형태로 바뀌는 과정을 거치기도 했다. 한편 모눈종이는 방안지方眼紙라는 한자어의 우리말 표현이다. 방안지는 네모 모양으로 칸을 만들어 줄을 그어둔 종이를 말한다.

그렇다면 모눈종이와 원고지는 같은 것인가, 아니면 다른 것인가? 둘 다 네모 모양의 칸이 그려진 종이이고, 모눈종이에도 글자를 써 넣을 수 있으며 글자 수를 파악하기 쉬울 수도 있겠지만, 어느 누구도 모눈종이와 원고지를 같은 것이라고 생각하지 않는다. 이처럼 창작물 중에는 형태가 유사하다고 해서 표절이라고 부를 수 없는 경우들이 꽤 있다.

자동차의 경우도 그렇다. 자동차의 모양은 일정하다. 바퀴 네 개에 좌석이 달렸고, 유리창과 운전대, 브레이크와 액셀러레이터 등이 장착되어 있다. 모든 구조가 서로 유사하다. 그래서 자동차 디자인을 논할 때는 앞모양과 뒷모양이 중시되는데, 앞뒤 디자인이 비슷할 경우를 놓고 표절 논란이 생기기도 한다. 일부에서는 요즘 자동차 디자인이 서로 닮아가는 추세라며, 표절 시비 자체를 부정한다. 멀리서 보면 유사하게 보일 수도 있지만 가까이에서 보면 세부 디자인과 구조가 다르다는 점이 그 이유다.

자동차 디자인에서 표절 논란은 주로 애호가들 사이에서 먼저 불거지는 경우가 대부분이다. 세계 자동차 디자인의 모든 것을 꿰뚫고 있는 그들이 먼저 문제를 제기하면 나중에 자동차 업체에서 진상 파악에 나서는 수순이 익숙할 정도다. 지난 2006년 일본 닛산자동차日産自動車의 SUV인 '인피니티 FX'가 출시되었다. 그런데 국내의 한 자동차 업체가 출시한 SUV가 이 차와 너무 닮은 나머지 디자인 표절 의혹을 받았다. 그릴 및 헤드램프 등이 닮았기 때문이었다. 또한 다른 국산 자동차 역시도 닛산의 '인피니티 Q45' 모델과 유사하다는 지적이 나왔다.

자동차 업체 입장에서 생각해보자면, 자동차 디자인 하나를 새로 개발하려면 수천억대의 자금이 들어간다. 디자인이 바뀌게 되면 그 차에 들어가는 부품들도 크기를 줄이거나 디자인을 바꿔야 하는데, 하청 업체들이 지출해야 할 비용도 만만치 않다. 천문학적인 돈을 쓸 바에야 기존 자동차 디자인을 모방하는 것이 유익하다고 오판할 수도 있는 것이다.

대기업도 피하지 못한 표절 의혹

이와 같은 표절 시비는 자동차 디자인에서뿐만이 아니다. 회사 로고를 만들면서 생기는 논란도 종종 등장한다. 가령, 어느 회사의 로고를 만든다고 하자. 회사의 가치관이나 지향점, 회사 대표의 경영 이념 등을 포괄적으로 담아서 로고에 함축해야 하는데, 그렇기 때문에 로고나 심벌을 만드는 과정은 절대로 쉬운 작업이 아니다. 고도의 디자인 능력으로 의미를 부여해야 하며 어느 누가 보더라도 같은 이미지, 동일한 느낌을 받을 수 있도록 하는 것이 로고와 심벌을 만드는 작업이다.

지난 2005년 국내 모 대기업이 새로운 로고를 선보였는데, 어느 중견 기업 로고와 유사하다는 논란이 생겨났다. 당연히 두 회사는 상표권을 두고 법정 다툼을 벌이는데 시간적, 물적 비용을 지출해야만 했다. 하지만 사건의 결과는 표절이 아닌 것으로 내려졌다.

사건의 시작은 해당 대기업이 로고를 개발할 때 '페테 프라크투르 Fette Fraktur' 서체를 인용했다고 밝히면서부터다. 이 서체는 인쇄 기술이 처음 선보이던 시기부터 사용되던 스타일로, 마치 손으로 쓴 듯한 느낌이 드는데 요즘에는 잘 쓰이지 않는 추세다. 신문 제호나 졸업장처럼 어떤 공식적인 문건의 제목에서나 볼 수 있는 서체에 속한다.

중요한 것은 로고 표절 문제가 드물지 않다는 데 있다. 사상이나 감정, 의미를 함축해서 넣다 보니까 완전히 다른 생각을 하지 않는 한 디자이너들의 창작 방향이 비슷할 수밖에 없다. 1990년대 모 대기업의 로고가 미국 저소득층 아이들을 위한 복지기관의 로고와 비슷한 경우도 있었고, 국내 어느 방송국의 로고는 글로벌 기업인 보디코트Bodycote 사의 로고와 비슷하다는 평가를 받았었다. 게다가 이 로고는 캐나다의 PC 업체인 MDG의 로고와도 유사했다. 하지만 결론은 법적으로 문제가 없다는 쪽으로 내려졌다. 표절 논란의 사례는 빈번하지만, 그중에서 법적 제재를 받는 경우는 극히 드문 것이 사실이다. 겉은 유사하지만 그렇다고 해서 표절이라고 말하기 어려운 부분이 대다수라는 점 때문이다.

한번은 모 패션지와 함께 잡지사 스튜디오에서 스타들의 스타일링 촬영을 맡은 적이 있었다. 촬영 날짜를 정하고 촬영 준비를 마무리하자 담당 사진작가가 내게 물어온다.

"시안은 언제쯤 주시나요?"

"시안이라니요?"

"촬영할 때 어떤 포즈로 찍을지, 어떤 느낌으로 찍을지 보는 시안이요."

"여태 그런 식으로 촬영하셨어요? 다른 잡지 화보 보고 따라서요? 그래 놓고 무슨 포토그래퍼라고 할 수 있나요?"

"다들 그렇게 하는데요."

"이번 촬영은 작가님의 감각을 믿겠습니다. 마음 놓고 찍고 싶은 콘셉트에 맞춰 찍어주세요. 스타들 이미지에 대해서 작가로서 창의력을 맘껏 발휘해주세요."

그 사진작가는 다른 잡지사들도 시안을 보고 촬영한다고 말했다. 하지만 그것은 국내에서도 일부 잡지사에 한정된 경우 아닌가? 유럽과 미국 등, 저작권 보호가 강하고 창작물에 대해 표절 논란 자체를 터부시하는 상황에서는 다른 이의 것을 참고하는 행동을 하지 않는다. 그래서인가? 미국 인기 드라마인 〈퀴어 애즈 포크Queer as Folk〉의 콘셉트 이미지를 그대로 따라한 국내 모 가수 앨범 표지가 표절 논란에 휩싸인 일이 있었다. 다른 중견 가수가 낸 앨범 표지는 〈더 힙합 박스The Hiphop Box〉라는 힙합 앨범 표지와 유사하다는 의혹을 받았다. 음반 표지의 유사성 외에도 창작물의 아이디어와 기능을 그대로 본 따는 식의 표절 의혹도 여전히 진행형이다.

물론 우리나라만 다른 나라의 작품을 베끼는 것은 아니다. 하지만 그렇다고 해도 표절 논란이 많다는 불명예를 피해갈 수는 없다. 창작자들에게는 남의 것을 참고해서 자기 것을 만들 생각 대신 자기만의 것을 만들어야 한다는 경각심이 필요하다.

대고 그린 듯이 닮은 그림

디자인 표절은 외국에서도 골칫거리 중 하나다. 산업디자이너로 활동하는 독일인 리도 부세Rido Busse는 디자인 표절 사례를 제시하는 온라인 사이트www.plagiarius.de를 운영하고 있다. 매년 디자인 복제품 및 표절 사례를 선정하여 순위를 매기는 시상식도 진행하는 중이다.

디자인을 다른 말로 부른다면 '그림'이라고 할 수 있다. 디자인 표절은 그래서 그림 표절이라고 할 수 있는데, '그림 표절'이란 어떤 그림을 똑같이 베끼는 것을 말하며 이를 가리켜 '트레이싱tracing'이라고 부른다. 그림을 복사한다는 의미다. 트레이싱이란 영어 단어 트레이스trace에서 온 말로 그림 위에 얇은 종이를 올려두고 따라 그리는 것도 포함되며, 원본의 색감이나 기교 또는 균형감 등을 빠르게 익히기 위한 방법으로도 활용된다. 다만 컴퓨터 등으로 이미지를 만들면서 저작권이 없는 부분적인 소스를 사용하는 경우에는 표절 논란의 예외로 인정되기도 한다.

트레이싱이라고 해도 법적으로 명확한 기준이 있는 것은 아니다. 복제로 의심되는 그림과 원본 그림을 겹쳐서 봤을 때 일치도가 60퍼센트 이상 나오면 표절이라고 판정하기는 하지만, 이 기준만으로는 표절 논란을 잠재우기에 부족할 수 있다. 누군가 나의 디자인 아이디어를 표절하려고 한다면, 아이디어 표절이라는 말 대신 아이디어

도용이라고 부르는 편이 더 적합하겠지만, 법적으로 보호받거나 제재하기 위해 할 수 있는 일이 명확하지 않다. 일부 만화에서는 독자의 시선이 주인공과 대사에만 쏠린다는 이유로 배경에 신경을 덜 쓰는 경우가 있다. 그런데 배경은 그것만 그리는 사람이 따로 있을 정도로 어려운 요소다. 그래서 어떤 배경 담당자는 다른 만화에서 사용한 배경을 그대로 가져와서 쓰기도 한다는 말이 있다. 문제는 이런 행동이 발각되는 경우가 거의 없다는 데 있다.

트레이싱은 표절 논란에서 자유로울 수도, 그렇지 않을 수도 있다. 예를 들어 만화를 그리기 위해서 모델을 고용하고, 만화 작가가 요구하는 포즈를 취하게 하고, 이 모습을 사진으로 찍어서 이미지로 만든 다음 트레이싱해서 만화로 완성했다고 하자. 이렇게 하면 저작권 논란이 생기지 않는다. 사진 속 모델들의 포즈는 이 만화가의 '창작 의도'가 된다.

반면 사진작가가 따로 있는 사진을 이미지로 만들어서 트레이싱한다면 문제의 소지가 있다. 사진 속 포즈를 비롯하여 그 사진이 포토그래퍼의 창작 의도가 투영된 저작물일 수 있기 때문이다.

이 외에도 트레이싱으로 표절 논란에 휩싸인 작품은 수도 없이 많다. 만화를 원작으로 하여 베껴 그려서 모바일 게임 캐릭터로 만든 경우도 있고, 미국에서 실제로 열린 NBA 경기 장면을 이미지로 만들어서 만화에 사용한 사례도 있다. 일본판 '그래픽 노블^{만화와 소설의 중}

^{간 형태}'이라고 할 수 있는 '라이트 노블'의 경우, 애니메이션 일러스트가 도서에 포함되어 있는데 인기 있는 일러스트를 트레이싱으로 표절한 작품들이 많다. 최근에는 인터넷을 통한 웹툰 붐이 일면서 신인 작가들의 새로운 등용문이 열렸다. 그런데 웹툰으로 올라온 작품 중에는 트레이싱 기법으로 다른 작품의 캐릭터나 배경 등을 그대로 모방한 경우가 적지 않다는 것이 현실이다.

일반적으로 트레이싱을 하는 경우에는 캐릭터의 외형만 본 따서 그리고 얼굴 표정과 색감은 다르게 변형하는 경우가 대부분이다. 하지만 어느 나라에서 인기를 얻은 작품을 모조리 그대로 베껴놓고는 다른 나라에서 전혀 다른 이름으로 선보이는 경우도 없지 않다.

표절 논란의 양측 당사자가 주장하는 내용을 들어보면 '사용 시점의 우선'이 주요 화제로 오르고는 한다. 이쪽에서 먼저 만든 것을 저쪽에서 따라했다고 주장하는 것이다. 사용 시점이 중요하기는 하지만, 그것만으로 두 창작물 사이의 표절 여부가 확정되는 것은 아니다. 표절을 따지자면 두 창작물이 얼마나 유사한지, 즉 표절이라고 할 정도의 유사성이 있는지 반드시 확인해야 한다. 물론 누가 먼저 만들었는지, 누가 먼저 공표하였는지도 중요하다. 창작물을 반드시 남에게 보여야 할 필요는 없지만, 그럴 경우에는 언제 만들었다는 확실한 기록이 있어야 한다고 하겠다.

피카소,
경쟁자의 '여인'을 보고
영감을 얻다?

입체파의 두 거장이 남기고 간 밝혀지지 않을 수수께끼

**프랑스에서
표절은 '도둑질'**

모티프^{motif}는 프랑스어에서 온 말로, 예술 작품을 표현할 때 동기가 되는 작가의 중심 사상을 뜻한다. 한편 음악에서는 작은 마디를 이루고 형식을 구성하는 가장 기본 단위를 모티프라고 일컫는데, 선율의 기본으로써 일정한 의미를 가진다. 이를 테면, 모티프는 예술 작품에 있어서 주제가 되는 동기다.

그래서 모티프는 영화, 연극, 뮤지컬, 소설 등 여러 예술 작품의 시작점이 된다고도 말할 수 있으며, 모티프가 되는 대상은 무제한적이라고 할 수 있다. 가령 소설《피터 팬^{Peter Pan}》을 읽고 모티프를 떠올려 연극을 만들 수 있다. 어느 날 해안가로 떠밀려온 거대한 상어를 보고 식인 상어에 관한 영화를 구상할 수도 있다. 이처럼 동일한 대상을 가지고도 창작자들이 서로 다른 여러 예술을 떠올릴 수 있다는 점에서 모티프는 예술가의 동기부여 요소라고도 말할 수 있다.

그런데 만약 모티프가 같다면, 이것만으로도 표절이라고 할 수 있을까? 물론, 작품 활동의 결과물까지도 같아야 한다는 뜻은 아니다. 각 시대에는 당대를 풍미하던 예술가들이 있었다. 내로라하는 작가들 사이에서는 알게 모르게 서로에 대한 경쟁심이나 질투심이 없지 않았을 것이다. 자기보다 나은 재능을 가진 사람에 대해 막연한 부러움도 생기고, 어떻게 하면 그 사람보다 더 감동적인 작품을 남길 수 있을지 생각했을 것이 분명하다. 여기서 '따라 그리기'가 생길 수 있다. 표절이라고 볼 수는 없겠지만, 다른 사람이 그린 대상을 자기도 그려본다거나 다른 사람의 음악을 듣고 모티프가 같은 곡을 써보는 정도는 언제든 가능한 활동이니 말이다.

우리나라에서도 그렇듯이 프랑스에서도 출간되는 서적마다 저작권 표시를 기재하는 것이 일반적이다. 이는 '저자의 허가 없이 전제와 복제를 할 경우 1957년 3월 발효된 법에 의해 위법이므로 형사처벌법 425조에 따라 처벌된다'는 문구로 표시된다. 프랑스에서는 창작자의 지적 작품들을 문학적, 예술적 재산으로 간주하며 이를 대단히 상세한 내용으로 규정해두고 있다.

표절은 영어로 'plagiarism'이라고 한다. 이 단어의 어원을 살펴보

자. 그리스어 'plagios'는 '간교'라는 부정적 의미를 품고 있고, 라틴어 'plagiarius'는 '남의 소유물을 훔쳐가는 자'라는 의미까지 내포한다. 이처럼 어원만 보더라도, 서양권에서는 표절을 도둑질이라는 범죄 행위로 인식한다는 사실을 알 수 있다. 그래서 프랑스에서는 무단 표절을 할 경우 2년의 징역과 일정한 벌금형까지 부과할 수 있도록 되어 있다고 한다. 이처럼 프랑스에 '지적소유권법'으로 불리는 강력한 법적 보호 장치가 있다는 것으로 인해 많은 예술가들이 프랑스를 창작 활동하기에 가장 이상적인 나라로 치켜세우기를 주저하지 않는다.

그렇다고 프랑스에서 표절이 아예 없었는지 생각해보면 그렇지는 않다. 스탕달Stendhal이 써낸 하이든에 관한 저서는 이탈리아에서 출간된 다른 도서에서 내용을 대부분 표절했다고 한다.[22] 우리에게는 《적과 흑Le Rouge et le Noir》으로 유명한 작가 스탕달이 표절 의혹을 받는다는 것 자체가 충격인 셈이다. 어디 이뿐인가? 유명인의 연설문도 알고 보면 지난 시절 출간된 책에서 상당 부분 인용구를 가져다가 쓴 경우가 있다. 그나마 표절 논란에서 벗어난 이유는, 나중에 가져다가 쓴 사람이 내용을 상당 부분 바꿔서 발표한 덕분이다. 그러나 모티프가 같다는 점에서 유사하다는 비난을 피할 수는 없다.

한편 작가가 기존의 유명 작품에서 내용을 베껴 쓰면서 이를 숨기지 않고 '새로운 재창작'이라고 주장하는 경우도 있다. 음악에서 원곡의 작곡가를 밝히며 '변주곡'이라고 부르는 것과는 또 다른 형태다. 하지만 이 경우에는 표절로 결론지어질 가능성이 더 크다.

모티프 논란에 빠진 《바람과 함께 사라지다》

표절 소송[23]으로 유명한 사례가 있다. 마거릿 미첼Margaret Mitchell의 소설《바람과 함께 사라지다Gone with the Wind》와 프랑스의 소설가 레진 데포르주Régine Deforges의 작품《푸른 자전거La Bicyclette bleue》의 이야기다. 당시 이 두 작품을 두고 프랑스와 미국에서 소송이 번지며 논란이 세간에 알려졌다.

1심에서는 데포르주의 패배로 결론지어졌다. 이미 세계적으로 유명한 작품을 표절할 경우 나중에 나온 작품이 전작에 초래할 피해, 즉 인지도와 지명도에 미칠 피해가 고려되었다는 것이 핵심이었다. 그렇다고 해서 유명하지 않은 작품을 표절할 경우에는 문제가 되지 않거나 그 정도가 덜하다는 의미는 아니다. 표절 자체를 놓고 사안을 판단하였을 때 전작이 인지도 높은 작품이기에 많은 사람들전작을 아는 독자들이 겪을 수 있는 혼돈의 정도를 감안했다고 봐야하지 않을까? 데포르주의 입장에서는 모티프가 같을 뿐이라고 주장할 수 있었지만 법적 판단에서는 받아들여지지 않았던 셈이다.

하지만 프랑스에서는 결과가 뒤집어졌다. 프랑스 법원은 판결에서 '두 작품 사이에 일부 유사한 점이 있지만 각각 독창적인 창작물'이라는 결론[24]을 냈다. 이 판결은 1991년에 확정[25]되었다.

프랑스에서 표절을 그 자체로 얼마나 큰 문제로 보는지 한국인들도 잘 새겨 배워야 하지 않을까? 툭하면 불거지는 유명 인사들의 논문 표절 논란도 그렇다. 한번은 이런 일이 있었다. 1990년대의 일이다. 프랑스 대학에 다니는 한국인 유학생이 박사학위 논문을 냈다. 그런데 나중에 표절로 밝혀지면서 학위가 취소되었다. 문제는 이 일로 다른 한국인 학생들조차 그 대학에 입학할 수 없게 된 것이다.[26] 국가 위신 차원에서도 심각한 일이었다.

논문은 인용문이라고 해도 과언이 아니다. 인용이 너무 길면 그것도 표절로 치부될 수 있을 정도다. 인용 부호를 적는 것은 너무나 당연한 일이지만, 그만큼 중요한 표시에 속한다. 원작자와 출처를 표기해야 한다는 것이다. 동일 대상에 대해 연구한다고 하더라도, 즉 연구하게 된 모티프가 같더라도 프랑스에서는 두 사람이 동시에 똑같은 생각을 할 수는 없다는 점을 우선하기에 누가 누구의 것을 표절했는지 등의 심사를 매우 중요하게 여긴다. 다른 예술 활동에서도 마찬가지다. 프랑스에서는 인간의 창작과 지적 활동에 의해 파생되는 모든 창작물에 대해 재산권을 부여하고 있는데 이를 가리켜 '지적소유권'이라고 부른다. 누군가의 재산으로 인정해주고 보호해준

피카소, 경쟁자의 '여인'을 보고 영감을 얻다?

다는 이야기다. 프랑스가 표절을 엄격하게 금지하며 저작권을 법으로 강력하게 보호한다는 것은 예술을 보호한다는 뜻도 되지만, 다른 한편으로는 표절이 그만큼 빈번하게 일어나고 저작권이 제대로 지켜지지 않았다는 의미도 되지 않을까 생각해보게 된다. 예술가들이 모인 나라라고 하지만, 수많은 예술가 사이에서 재능의 차이는 존재한다. 경쟁이 치열한 그들 사이에서 서로 어느 누구의 작품을 표절하는 일이 일어나지 않았을까 의문이 드는 이유다.

"피카소 자네, 또 아이디어 훔치러 왔나?"

어느 날의 일이다. 대상을 있는 그대로 그리지 않고 상상해서 표현한다는 화가 파블로 피카소Pablo Ruiz y Picasso의 작품을 우연히 다시 보게 되었다. 〈만돌린을 든 소녀Girl with a Mandolin〉라는 작품인데 어딘가 조르주 브라크Georges Braque의 작품 〈만돌린과 여인Femme tenant une Mandoline〉과 비슷하다는 느낌을 받았다. 두 작품의 발표 시기도 모두 1910년이다. 우연이었을까? 이번에는 피카소의 작품에서 표절 이야기를 찾아보겠다.

피카소는 소개가 필요 없을 정도로 유명한 작가지만, 우선 그에 대해 간략히 알아보자. 우리가 잘 아는 피카소는 스페인 사람이지만 주로 프랑스에서 활동했다. 프랑스는 피카소에게도 예술 활동을 하기에 여건이 좋은 곳이었다는 의미일까? 피카소의 대표작으로는 〈아비뇽의 아가씨들Les Demoiselles d'Avignon〉, 〈게르니카Guernica〉 등이 있다. 그는 20세기 초 프랑스에서 생긴 큐비즘cubism[27]양식의 거장이었다. 큐비즘은 입체파라고도 불린다.

그런데 먼저 짚고 넘어갈 부분이 있다. 피카소로 대표되는 큐비즘의 시초는 누굴까? 피카소일까? 아니다. 브라크다. 프랑스 에스타크L'Estaque 지역에서 그가 그린 풍경화를 본 비평가들 사이에서는 '입체적으로 희한하다bizarreries cubique'는 평이 나오기 시작했다. 나중에 그의 표현 양식과 유사한 다른 작가들의 작품들도 '큐비즘'이라고 부르게 된 계기다. 브라크의 그림에서는 기존에 사용되던 선이나 면 대신 자연을 재구성한 입체적 요소가 활용되었는데, 입방체나 원통형, 원뿔형을 표현 요소로 삼았던 것이 특징이다. 피카소의 그림과 다를 바 없는 형식이다.

그런데 피카소와 브라크 사이에서 큐비즘 표현 방식을 두고 표절 이야기를 한다면 우선 알아야 할 내용이 있다. 큐비즘의 단초를 폴 세잔Paul Cézanne이 제공했다는 사실이다. 이것을 1882년생인 브라크가 시작해 1881년생인 피카소가 본격적인 궤도에 올려놨다고 해야겠다. 브라크나 피카소가 거의 동시대에 활동한 화가들이고 나이도 비슷한데 비해서, 세잔은 이 두 사람보다 40년 정도 앞선 시기의 사람이다. 일례로 세잔이 그림을 그리면서 통나무를 원통으로 표현하고 과일을 원형으로 그리는 방식을 처음 사용했다는 내용이 있다. 사물의 겉을 단순화해서 본질만을 표현하고자 했다고 봐야 한다. 그렇다면 큐비즘의 시초는 세잔이라고 보는 것이 합리적이지 않을까?

브라크와 피카소에게서 표절 의문을 갖게 된 것은 우연이었다. 그도 그럴 것이, 피카소의 작품 수가 수만 점 이상이기 때문이다. 애초에 피카소의 모든 작품을 본다는 것은 불가능한 일이었고 유명한 작품만 감상하는 정도였는데, 어느 순간 브라크의 작품과 겹쳐져 보이기 시작한 것이다.

다시 이 둘의 작품 〈만돌린을 든 소녀〉와 〈만돌린과 연인〉으로 돌아가보자. 그림이 그려진 시대는 1910년으로 동일하다. 이 두 그림에 대해 이야기하려면 먼저 만돌린에 대해 알아둬야 한다. 만돌린은 '류트Lute'의 한 종류다. 류트란 16~18세기 경 유럽에서 인기를 얻은 현악기로 기타와 약간 비슷하게 생겼다. 류트의 기원을 따라 역사를 더 거슬러 올라가다 보면 '바르바트barbat'라는 악기가 나온다. 이 바르바트가 중국에 전해져 '비파'가 되었고, 유럽으로 전해져 류트가 되는데, 16세기 초에는 르네상스 시대를 거치면서 6줄 현악기로 보급되었다가 이후에 8줄, 10줄로 변화하는 등 다양한 모습으로 바뀌었다고 한다.

그런데 피카소와 브라크의 그림에서 드러난 만돌린은 그 모양이 서로 다르지 않아 보인다. 만돌린을 든 손의 모양과 위치도 비슷하다. '만돌린'과 '여인소녀'이라는 동일한 모티프를 두고 유사한 작품을 남긴 두 거장의 작품에서 어떤 느낌을 받았냐고 묻는다면, 동시대의 화가들이 서로 경쟁하듯이 그렸다는 감상평을 내놓기에 부족함이 없다고 할 것이다. 마치 같은 시각, 같은 장소에서 만돌린을 연주하는 여인을 바라보는 두 명의 화가가 함께 그려낸 느낌이 든다는 이야기다. 브라크 또는 피카소가 상대방의 그림을 보고 동일한 대상을 그리며 상대방의 작품을 표절한 것은 아닌지 묻는다면 그 역시 대답하기 곤란할 수 있지만 말이다.

물론 피카소와 브라크라는 두 명의 걸출한 화가가 서로를 표절했다고 단정 짓기는 쉽지 않다. 누가 누구를 표절했는지, 단 하루라도 누가 먼저 작품을 공표했는지에 대한 기록도 찾아볼 수 없다. 다만 프랑스에서 활동한 동시대 화가들의 경우 서로 교류가 잦았고, 그들 사이에서도 친목 활동이 활발했다는 사실에 근거해서 생각해보면 피카소와 브라크가 서로의 화실을 자주 방문했을 것이라는 상상을 해볼 수도 있다.

문제는 두 화가의 작품이 서로를 표절한 것이 아니라고 할지라도 분명히 유사해 보인다는 것이다. 모티프가 같기 때문일까? 그렇다면, 만돌린을 든 한 명의 소녀를 앞에 두고 두 화가가 한 장소에서 그렸다는 이야기인데, 이것이 가능할까? 또 다른 의문이 생긴다.

피카소, 경쟁자의 '여인'을 보고 영감을 얻다?

표절이라고 의심될 만큼 서로 유사해 보이지만 이제 와서 표절인지 아닌지를 밝힐 명분도 충분하지 않다. 당시 프랑스에서는 화가들끼리 서로가 서로의 작품을 모티프로 삼아 그림을 그려도 되는 분위기였을지 모르기 때문이다. 작곡가들이 다른 작곡가의 멜로디 일부를 자기가 만든 곡에 쓰던 시기가 있었던 것과 같다.

그래서 이 두 화가의 작품이 서로 표절 관계에 있는지 여부는 아쉽지만 이 시대의 우리들에게는 영원히 밝혀지지 않을 수수께끼가 되어버렸다. 표절 시비를 가리려면 피카소나 브라크가 상대에게 표절 의혹을 제기해야 하는데, 이제 두 사람은 이 세상에 없기 때문이다. 어쩌면 브라크와 피카소는 경쟁 관계를 느끼며 상대의 작품을 자기만의 방식으로 표현해내고자 했을 수 있다. 각자의 작품을 다른 사람들에게 공평하게 평가받자는 쪽으로 경쟁 심리가 작용한 것이다.

표절을 이야기할 때 예술가들의 경쟁 구도를 살펴보는 것은 의미 있는 일이다. 때로는 선의의 경쟁 차원에서 '저 작가의 작품을 내가 만들었더라면 어땠을까' 하는 창작자로서의 호기심이 작동할 수 있다. 때로는 작품을 구매해주는 이에게 자신을 더욱 잘 드러내고 싶어서 동료 작가들과 경쟁을 벌이는 구도 속에서 표절이 생길 수도 있는 일이다.

그렇다면 피카소와 앙리 마티스Henri Matisse의 관계도 살펴볼 필요가 있다. 천재 화가들의 경쟁이라는 측면에서 말이다. 두 사람은 거트루드 스타인Gertrude Stein이라는 여성을 사이에 두고 잘 보이기 위해 서로 경쟁했다. 스타인이 프랑스 파리에 살기 시작한 것은 20대 후반이 된 1903년이다. 당시 피카소는 20대 초반의 젊은이였고 마티스는 스타인보다 다섯 살 많은 30대 중반이었다. 스타인은 부유한 가문의 여성이었는데, 프랑스에서 활동하는 화가들의 작품을 구매해주는 경우가 잦았다고 한다.

미국의 부자 가문에서 태어난 스타인을 가운데 두고 피카소와 마티스가 벌인 경쟁은 사랑싸움이라기보다는 당시 예술가들의 생존 경쟁이었을지도 모른다. 예나 지금이나 부유한 가문에서 태어나지 않는 한 예술 활동을 꾸준히 이어나가기란 쉽지 않다. 게다가 스타인은 다른 예술가들의 작품을 사주기도 하며 자신도 작가로 활동하던, 예술에 관심 많은 여성[28]이었다. 그러니 피카소가 〈거트루드 스타인의 초상Portrait de Gertrude Stein〉[29]을 그린 것은 어쩌면 당연한 결과 아니겠는가?

이번에는 피카소와 마티스의 작품을 비교해보자. 피카소의 작품 〈잔느Jeanne〉는 1901년의 작품이고, 마티스의 작품 〈푸른 누드Nu bleu〉는 1907년의 작품이다. 그림 속 여성의 동작을 유심히 보자. 머리에 팔을 올린 동작, 다른 팔을 뻗은 위치, 두 다리의 포개진 정도. 두 그림은 상당 부분 유사함을 알 수 있다. 자신의 화실을 찾아온 피카소를 보며 "아이디어 훔치러 왔나?"고 말했다던 마티스가 이 두 그림을 보고는 어떤 이야기를 했을지 궁금하다.

피카소와 브라크 그리고 마티스의 작품들에서 볼 수 있듯이, 표절 논란에서 '모티프의 동일성'이란 문제는 다툼 자체를 없애주기도 하지만 논란을 확대·재생산하며 문제를 더욱 심화시키기도 한다. 유사한 작품들이 발견되었을 때, 해당 작가들이 같은 시간 같은 장소에서 동일한 대상을 그린 것이 아니었다면 모티프가 동일하다는 점 외에도 누가 누구의 작품을 베꼈다는 가정을 가능하게 만들기 때문이다. 표절 논란이 생길 수밖에 없는 상황이다.

그런데 만돌린을 들고 있는 소녀나 침대에 누운 여인처럼 독창적인 설정을 모티프로 삼지 않고, 밤하늘의 달을 모티프로 삼았을 경우라면 어떤 상황이 벌어질까? 예를 들어, 달을 보고 한국 사람과 페루 사람이 각각 그림을 그렸다고 하자. 달이라는 모티프를 재료 삼아 창작물을 만든 셈이다. 한국 사람은 달나라에 토끼가 산다고 여기므로 달나라 토끼를 그리고, 페루 사람은 달나라에 두꺼비가 산다고 여기므로 달나라 두꺼비를 그릴지 모르는 일이다. 이 경우는 동일한 대상_{모티프}일지라도 정서의 차이가 있을 때 전혀 다른 작품이 탄생한다는 것을 보여준다. 피카소나 브라크, 마티스가 상대방의 작품을 표절하면서 베끼지 않았다면 위 작품들처럼 유사한 작품이 될 수 없다는 의미다. 브라크와 피카소가 서로 표절하고, 피카소와 마티스도 서로 표절했다는 의혹을 갖게 되는 이유다.

마이클 잭슨의 〈빌리 진 Billie Jean〉을 레퍼런스로 삼아도 될까?

표절과 경계를
맞대고 있는 개념들

**| 내 영화를 내가 다시
만든다면 |** 표절을 이야기할 때 자주 쓰이
는 단어가 있다. 클리셰cliché, 레
퍼런스reference, 오마주hommage가 그것인데 각각의 용어가 의미하는
바가 다르다. 가령 어느 노래나 그림 또는 소설을 가리켜 표절 아니
냐고 물을 때, 상대방이 클리셰나 레퍼런스 또는 오마주라고 답한다
면 그 순간 표절의 경계에 대해 다시 생각해봐야 하기 때문이다.

우선 각 용어의 의미에 대해 알아보자. 클리셰란 '정형화된 패턴'
이 된 표현법으로, 새로움이 없어지고 흔히 등장하는 표현을 말한
다. 다만 어떤 표현이 새로운 것인지는 사람에 따라 다를 수 있으며,
시대가 변하며 더 이상 사용되지 않는 표현법들도 있다. 창작자 입

장에서는 자기의 창작에 의하지 않고 다른 작품의 요소를 가져와서 차용했다는 사실이 '창작력의 부족'을 인정하는 셈이 되므로 바람직한 요소는 아니다.

레퍼런스란 '참고 사항'이라는 의미다. 자료로써 판단의 근거가 되는 정보라는 의미도 있다. 음악의 경우 '참고한 곡'이라는 뜻이 된다. 사진작가들이 '시안'이라고 부르는 대상도 이에 해당된다. 어느 작곡가가 새로운 곡을 만들 때 '레퍼런스 음악'을 들었다면 이는 합법적인 일이다. 클리셰도 넓은 의미에서는 레퍼런스라고 볼 수 있다. 이 레퍼런스는 얼마만큼 갖다 쓰느냐에 따라 표절로 오인 받을 수 있는 부분이다. 마이클 잭슨Michael Joseph Jackson의 〈빌리 진Billie Jean〉을 레퍼런스 곡으로 삼을 수는 있지만, 그 곡과 너무 똑같은 느낌을 내게 되면 표절로 의심받을 수도 있는 것이다.

오마주란 '존경'이라는 의미의 프랑스어로, 한 작품이나 작가에 대한 존경심을 담아 일부러 따라하는 것을 뜻한다. 작품 전체 부분에서 사용되는 것이 일반적이므로 원작자와 오마주 사용자 사이에 표절 다툼이 벌어지기도 한다. 누군가가 오마주 기법으로 어떤 작품을 만들었는데 원작자가 '저것은 내게 보내는 존경의 표현이 아니다!'라고 한다면 표절 논란으로 확대되는 것이다. 이런 일은 비일비재하다. 그래서 오마주와 표절을 구분할 때는 유사함의 정도를 따지는 경우가 많다. 누가 보더라도 원작이 무엇인지 알아차릴 정도라

'저것은 어떤 작품을 따라한 것이구나'라고 생각한다면 '오마주', 아무리 보더라도 베낀 것인지 아닌지 잘 모르겠을 때는 '표절로 의심'되는 상황이 벌어진다. 오마주임을 확실히 하는 방법으로는 원작자에게 '오마주 하겠으니 허락해달라'고 먼저 승인을 받는 법이 있다.

한편 리메이크^{remake}라는 용어도 있다. 이는 영어 표현 그대로 '기존 작품을 다시 만드는 것'을 의미한다. 영화를 영화로, 음악을 음악으로 다시 만드는 것처럼 장르가 같을 때 리메이크라는 표현을 사용한다. 연극을 영화로 만들거나 영화를 소설로 만드는 식으로 장르가 바뀔 때는 이 용어를 사용하지 않는다. 대신 미디어믹스^{media mix}라는 표현을 쓴다. 글자 그대로 장르를 섞었다는 의미다. 이 장르에서 저 장르로 바꾸어 만들었다는 의미가 된다.

그렇다면 리바이벌과 리메이크는 어떻게 다를까? 둘 다 '다시 만든다'는 의미이지만, 어떤 차이가 있는 것일까? 리바이벌^{revival}은 자신이 만든 것을 자신이 다시 만들 때 사용하는 용어다. 어떤 창작물의 원저작자가 그 작품을 다시 만드는 것이다. 그러나 다른 사람이 다시 만들 경우에는 리메이크가 된다. 리메이크를 할 경우에는 원저작자의 허락을 받는 것이 우선이다.

예를 들어 〈남자친구가 뭐길래〉라는 영화가 있다. 내가 2011년에 극본을 쓰고 감독을 맡아 2015년까지 올레tv에서 상영한 영화다. 내가 저작권을 갖고 직접 제작한 영화다. 그런데 이 영화를 내가 다시 만들면 '리바이벌'이고, 다른 사람이 나에게 판권을 사서 만들면 '리메이크'라고 부르게 된다. 그리고 누군가 영화를 만들며 이 영화에 나온 장면이나 대사를 그대로 차용하면 그것은 '오마주'가 된다. 만약 누군가가 영화를 만들기 위해 이 영화를 참고삼아 관람한다면 나의 영화가 그에게 '레퍼런스' 작품이 될 것이다. 만약 내가 영화에서 사용한 대사나 장면 중에 '로맨틱 코미디 영화에서 흔히 나타나는 장면이나 대사'를 그대로 사용했다면 이는 '클리셰'에 해당한다. 이처럼 표절은 아니지만 이따금 표절 논란이 되면서 흔히 혼동하기 쉬운 용법들이 있다.

고흐의 의자와 고갱의 의자

표절은 아니지만, 어떤 특정한 대상을 놓고 다른 사람과 유사하게 표현하는 사례는 전혀 없던 것이 아니다. 빈센트 반 고흐Vincent van Gogh와 폴 고갱Paul Gauguin의 경우도 마찬가지다. 둘은 서로의 작품을 표절하지는 않았지만, 동일한 대상을 그리면서도 어찌 보면 유사하게, 또 다른 시각으로 보면 전혀 다르게 그리고는 하였다. 이른바 '대놓고 표절하기'라고 말할 수 있을까? 아니면 리메이크 또는 클리셰라고도 부를 수 있겠다. 지금부터 하나의 대상에 대해 서로 다른 그림을 남긴 두 천재 화가들의 이야기를 알아보자.

당대의 화가 대부분이 그러하였지만, 생전에는 주목을 받지 못하다가 사후 재조명되면서 이름을 떨친 천재 화가 고흐. 그림을 너무 사랑한 탓일까? 정신 질환에 걸려 생을 마감하기까지 10여 년 동안 창작한 작품이 900여 점에 달하는 그는 네덜란드 출신의 화가다.

그런데 고흐의 작품이 하나에 수백억 원에 달할 만큼 세계 최고가에 거래가 되는 것에 비하면 그는 사실 이렇다고 할 미술 교육을 받은 적이 없는 사람이었다. 고흐는 자신이 좋아하던 화가들의 작품을 보고 그대로 베끼면서 그림을 연습했다. 고흐는 여러 대가들로부터 지대한 영향을 받았는데, 렘브란트 판 레인Rembrandt Harmenszoon van Rijn, 프란스 할스Frans Hals, 야곱 반 루이스달Jacob van Ruysdael 등이 주로 거론된다. 고흐가 자신의 동생에게 보냈던 편지에서 이 화가들의 이름을 확인할 수 있다. 강렬한 효과를 얻기 위해 세세한 표현은 과감히 포기하는 그들의 화풍이 고흐에게 고스란히 전달된 것은 물론이었다. 그리고 1885년경, 고흐가 심혈을 쏟아 부은 작품 〈감자 먹는 사람들The Potato Eaters〉이 나왔다. 이 작품은 고흐가 하나의 그림에 온 정성을 바친 유일한 작품이라고 하겠다.

이후 고흐가 프랑스 아를 지역에 머물던 시기는 그만의 화풍이 표면으로 드러난 시기라고 할 수 있다. 그리고 그곳에서 고흐는 친구이자 흠모의 대상이었던 고갱을 만나 같이 지내게 된다.

고갱은 프랑스인이었는데 자유주의자인 그의 아버지는 남아메리카로 가던 중 사망하였다. 그래서였을까? 성인이 된 고갱은 선원이 되어 남아메리카로 항해한 경력을 갖기도 한다. 하지만 그는 프랑스에서 화가가 되어 그림에 매진한다. 고갱이 작품 활동에 집중했다고 해서 생활이 풍족했다는 뜻은 아니다. 아내의 고향인 덴마크로 이주하기도 하고, 다시 파리로 돌아와 포스터를 붙이는 일을 맡기도 하면서 궁핍한 생활을 이어나갔다. 프랑스 파리로 돌아왔다던 고갱은 고흐의 초대로 아를 지방에도 갔지만, 이내 그곳을 떠나고 만다. 그는 타히티 섬에 도착하기까지 남아메리카, 마르티니크 섬 등 여러 곳을 거치며 머물지 못하는 이상과 현실 속에서 육체의 병까지 얻는 등 화가로서 고뇌를 이어갔다.

이처럼 굴곡진 삶을 이어갔던 두 천재 화가 고흐와 고갱에게는 공통점이 한 가지 있다. 바로 아를 지역에서 함께 지냈다는 점이다. 당시 두 사람은 그림을 같이 그리기도 했는데, 먼저 고흐의 작품 중 〈반 고흐의 의자 Van Gogh's Chair〉와 〈폴 고갱의 의자 Paul Gauguin's Armchair〉에 주목해보자. 고흐가 그린 이 작품을 보면 지내온 생활 방식이 너무 달랐던 두 화가의 삶이 그대로 나타나는 듯하다. 고갱의 의자 위에는 노란색 책 두 권이 놓여있고 촛불이 아늑한 분위기를 더해주고 있는 반면에, 고흐의 의자는 사뭇 다른 모양새로 담배 파이프가 놓여져 있다. 두 작품은 모두 하나의 대상인 '의자'를 두고 그린 그림이다. 그런데 고흐가 바라보는 고갱의 의자와 고흐의 의자는 서로 다르다. 그 이유는 무엇일까? 아를에 머물면서 각기 다른 방, 다른 의자를 사용하며 작품 활동을 이어나간 이유에서였을까? 아니면 같은 의자를 두 개 사용하면서도 성격이나 화풍 등 여러 면에서 큰 차이가 있던 두 천재 화가의 성향을 의자에서 그대로 나타낸 것은 아닐까? 고흐는 '의자'라는 대상을 작품으로 만들어내면서 고갱을 '오마주'했고, 의자를 하나의 대상으로 그린다는 점에서 '클리셰'로 사용하였으며, 의자를 서로 다르게 그리면서 스스로 '리바이벌'하였던 것은 아닐까?

어쩌면 〈폴 고갱의 의자〉는 고흐가 그린 것이 아니었을지 모른다. 고갱이 스케치를 그리다가 남겨두고 아를을 떠났는데 이를 고흐가 채색하고 완성시켰을 가능성도 있다. 두 화가가 의자를 두고 작품을 그리기로 하였다가, 고갱이 떠나면서 남게 된 밑그림을 고흐가 '리메이크'한 것이었는지도 모른다. 이렇게 생각하는 이유가 무엇인지 궁금한가? 고흐와 고갱의 또 다른 그림을 보면 극명한 차이가 느껴지기 때문이다.

고흐와 고갱이 아를에서 함께 머물던 두 달 정도의 시간은 미술사적으로도 흔치 않은 순간이었음이 분명하다. 당대를 풍미한 두 천재 화가의 화풍이 근접한 공간에서 부딪히며 서로 다르게 표현되는 일은 자주 일어나지 않는다. 가령 그들이 '노란집'으로 부르던 작업 공간을 벗어나 근처 카페에서 만난 주인 여자를 그린 작품을 보자. 먼저 고흐의 그림인 〈아를의 여인: 책과 함께 있는 지누 부인 L'Arlésienne: Madame Ginoux with books〉을 보자. 카페 여주인인 주인공 앞에는 책이 놓여있다. 고흐가 그린 고갱의 의자 위에 있던 두 권의 책을 기억해보자. 고흐는 실상을 그대로 옮겨 그리기 보다는 이처럼 자신의 느낌을 작품 속 대상에 접목시켜 그려냈다. 다음은 고갱의 작품 〈밤의 카페, 아를 At the Café〉이다. 작품 속 여인은 역시 카페의 여주인이다. 고흐가 그린 대상과 동일한 인물이다. 술을 파는 가게의 모습과 여주인의 얼굴을 미학적으로 꾸미거나 만들지 않고 그대로 표현해냈다. 단, 여주인 뒤의 테이블에서 여자들과 술을 마시는 우체국 집배원의 모습은 상상의 모습이다. 결국 고흐는 작품 속에서 순수함을 지향했던 반면, 고갱은 현실주의를 따라 오히려 더 현실을 증폭시켜서 그림 속에 담아낸 것은 아니었을까? 두 사람의 화풍이 맞지 않았던 것은 그만큼 두 사람의 성향이 달랐다는 의미도 될 것이다. 물론 중요한 것은 고흐와 고갱이 동일한 소재를 대상으로 클리셰를 넘어 리메이크했다는 점이지만 말이다.

김홍도와 신윤복이 경쟁 관계였을까?

위와 비슷한 예로 한국에서는 김홍도와 신윤복 申潤福을 떠올릴 수 있다. 김홍도는 서민 생활을 그리고 신윤복은 양반의 삶을 그렸다지만 작품의 대상이 사람의 삶이라는 점은 같다. 고흐가 고갱의 의자와 자신의 의자를 다르게 그렸듯, 김홍도와 신윤복 역시 상대방에 대한 예우로 작품을 그릴 때 일정 부분 차이점을 두려고 했던 것이 아닐까? 서로의 화풍을 존중하려는 마음에서 나온 의도된 스타일이라는 뜻이다. 서민의 삶을 그려낸 김홍도를 고흐에 비유할 수 있다면 안락한 부유층의 삶을 그려낸 신윤복은 고갱에 비유할 수 있다.

이야기가 나온 김에 조금 더 소개해보자. 신윤복의 호는 혜원蕙園으로 영조 34년이 되던 해인 1758년에 태어났다. 그는 남자와 여자의 연애 이야기를 남다른 감각과 해학으로 풍자해 표현한 화법으로 유명하다. 상황 설정에 따라서 생활 방식을 그대로 나타낸 것이랄까? 한 가지 눈여겨봐야 할 점은 신윤복의 아버지와 할아버지가 모두 그림을 담당하던 관아인 도화서圖畫署에서 일하던 화원이었고, 그역시 대를 이어서 그곳의 화원이 되었다는 점이다. 즉 3대에 걸쳐 그림을 그린 가문 출생이었다.

한편 김홍도는 신윤복의 선배라고 할 수 있다. 김홍도 역시 도화서에서 일하던 화원이었으니 말이다. 김홍도와 신윤복 두 사람의 그림을 보면 남성과 여성의 특성이 나타나기도 하는 것을 느끼게 된다. 김홍도는 서민들의 풍속을 즐겨 그리면서 선이 강한 특징을 보인다. 그에 비해 신윤복은 양반층의 풍류라든가 남녀 사이의 연애 이야기를 많이 그렸고, 그림의 선도 가늘고 부드럽다.

그렇다고 해서 김홍도와 신윤복이 경쟁 관계였던 것은 아니다. 다만 김홍도는 신윤복을 통해서, 신윤복은 김홍도를 통해서 양반과 서민의 삶에 서로 관심을 가지게 되었는지도 모른다. 고흐와 고갱이 카페에서 만난 한 명의 여인을 보고도 각자 다르게 그려냈듯이, 김홍도가 배경을 생략하면서 주제에 집중했다면 신윤복은 배경을 세세히 표현하면서 주제를 더 강조하는 식으로 대비를 이뤘다는 점이 인상 깊다.

청출어람靑出於藍의
진짜 뜻은
'스승을 따라하라'?

거인의 어깨 위에
올라탄 가우디

**원조 숯불고기와
진짜 원조 숯불고기**　우후죽순雨後竹筍은 '비가 온 뒤 땅
에서 대나무 순이 무척 많이 솟
아나는 모습'을 나타내는 말이다. 이 단어는 보통 똑같은 것들이 갑
자기 많이 생겨나는 것을 보고 비유할 때 자주 사용하는데, 이 표현
이 제대로 어울리는 상황이 있다. 바로 국내 자영업 분야의 이야기
다. 치킨 가게가 잘된다고 하면 치킨 가게가 우후죽순처럼 생기고,
PC방이 잘된다고 하면 PC방이 쏟아져나온다.

　요즘 '치맥치킨과 맥주'의 인기가 뜨겁다. 한국 치킨이 맛있는 이유를
두고 고학력자가 튀기기 때문이라는 우스개가 있는데, 그만큼 자영
업 시장에 뛰어드는 이가 많다는 의미일 것이다. 그런데 너무한 것

이 하나 있다. 가게 이름을 왜 다들 따라하는 것인가? 만일 고깃집을 연다면 자기만의 소스와 메뉴로 승부를 걸면 될 텐데, 잘되는 고깃집 간판을 그대로 따라하다니…. 말도 되지 않는다.

간판 이름을 표절하는 것은 어제오늘 일이 아니다. 마포구 공덕동 로터리에 유명한 숯불갈비집이 있었다. '마포숯불고기'라고 해두자. 이 가게에는 근처의 회사원들과 인근 아파트 주민들까지 손님으로 왔고, 자리는 항상 가득 찬 상태였다. 회식이라도 하려면 며칠 전에 예약해야 했고, 바쁜 시간대에 들르면 어김없이 발걸음을 되돌려야 하는 인기 '맛집'이기도 했다. 손님이 자꾸 되돌아가는 일이 생기자 이 가게 사장은 인근 점포를 인수해 확장 공사를 했다. 심지어 근처 주택까지 사들여 테이블을 놓고 영업했으니 오죽했을까. 그래도 손님들이 넘쳐났다.

그런데 어느 날 문제가 생겼다. 예약 손님에게 편의를 베풀기 위해 가게에서 승합차를 준비해 운행하고 있었는데, 길을 지나던 중 인근에 떡하니 같은 간판을 내걸고 장사하는 곳을 보게 된 것이다. 간판이 정말로 똑같았다. '마포숯불고기.' 사장은 이것이 무슨 일인가 싶어 당장 가서 따졌다. 그런데 오히려 새로 생긴 가게 사장이 당당하게 나왔다. '이 간판에 전세라도 냈느냐', 간판은 누구나 사용할 수 있는 것 아니냐고 나온 것이다. 문제는 손님들이 그 가게가 똑같은 '마포숯불고기'인 줄 알고 발걸음을 옮기기 시작했다는 데 있다.

원조 가게 사장 입장에서는 당장의 영업 손실도 문제지만, 옆 가게에서 음식을 먹은 손님들이 퍼뜨릴 소문 때문에 더욱 골치였다. 그동안 맛을 개발하고 유지하기 위해 들인 노력이 있는데, 엉뚱한 가게가 엉뚱한 메뉴를 내놓아 평판을 잃을까봐 걱정된 것이다.

결국 원조 가게 사장은 특허청에 상표를 내기로 했다. 그런데 상표를 출원하려고 검색하다 보니 다시 한 번 아연실색하게 되었다. '마포숯불고기'라는 이름과 간판의 색상을 표절한 그 가게는 그나마 양반이었던 것이다. 한술 더 떠 상표등록을 하려고 기다리는 사람들이 있다는 사실을 알게 된 원조 고깃집 사장은 정말 가관이라는 생각을 했다. 누군지는 모르지만 '원조'라는 말까지 붙여 이미 상표를 출원한 사람도 있었다. 진짜 원조 가게를 운영하는 주인으로서는 황당할 일이었다.

난감해하던 사장은 고민 끝에 결론을 내렸다. '진짜 원조 마포숯불고기.' 가게 간판을 이렇게 바꾸고 상표를 등록하면서 아예 사장 본인의 얼굴까지 그려 넣기로 했다. 글자는 모방할 수 있어도 사람 얼굴은 초상권이 있으므로 베끼지 못할 것이라는 생각을 한 것이다. 이때 이 사장은 절실히 배웠다고 한다. 작은 자영업이라고 해서 다 같이 먹고 살자며 선의로만 대응할 일이 아니라는 것을 말이다. 규모의 문제를 떠나 장사는 곧 사업이므로 진입 장벽도 세우고 자기만의 지적재산을 지키려는 노력도 병행해야 한다는 뜻이었다.

"그런 거 따지면 돈 못 벌어요"

그로부터 며칠 뒤.

"요즘 그 드라마 여주인공 티셔츠가 인기더라고요. 그리고 지난달에 새로 출시된 백화점 입점 브랜드 중에 여름 면바지가 있던데, 디자인이 괜찮아서 비슷하게 좀 만들어보려고 합니다."

인터넷 쇼핑몰을 창업해서 승승장구하던 20대 후반 사장의 입에서 나온 이야기였다. 창업 지원 사업의 도움을 받아 일을 시작했으나 1년 만에 강남 사무실을 낼 정도로 수완이 좋은 청년이었다. 업계에서는 인터넷 쇼핑몰로 성공한 사람이라며 인정해주었고, 덩달아 여기저기에서 강연 초청이 들어오며 사장은 성공 사례를 발표하기에 바빴다. 업체 인지도가 생기며 하루가 다르게 매출이 쑥쑥 올라가는 상황이었다.

"그거 표절이에요. 몰라요?"

"요즘 다 그렇게 해요."

"남들이 한다고 해도 말려야죠."

"그러면 돈 못 벌어요. 시간이 얼마나 걸릴지 모르는데 언제 디자인 기획하고 개발해서 투자하고 그래요? 그냥 방송이나 인터넷에서 사람들이 찾는, 인기 있는 디자인 있으면 그거 만들어서 파는 게 제일 빨라요."

"혹시나 걱정돼서 하는 말인데, 강연 다니면서도 그런 이야기 다해주시는 거예요?"

"네."

디자인 표절은 이미 일반화된 이야기다. 이 사장의 말처럼 예전에는 외국의 명품 브랜드 디자인을 본 따 '샤넬 스타일', '에르메스 스타일' 등의 이름을 붙여 파는 일이 흔했다. 그런데 '스타일'이라는 말을 쓰는 것이 법적으로 문제가 되면서, 대신 'st'라고만 일컫는 경우가 생겼다. '샤넬 st'라고 부르는 식이다. '우리는 디자인을 표절했다'고 대놓고 광고하는 셈이다. 동대문 패션 시장에 있는 가게들을 지나다 보면 어렵지 않게 볼 수 있는 문구이기도 하다. 작은 종이에 이렇게 써서 붙여둔 가게들이 많다. '샤넬 st', '에르메스 st', '드라마 여주인공 st'…. 디자인을 표절을 했다고 손님들에게 광고하는 가게들이다. 남의 지적재산을 훔치는 것을 도둑질로 생각하는 나라도 있는데, 국내에서 벌어지는 이 행태는 도무지 납득하지 못할 일 아닌가?

그나마 지역적으로 볼 때 국내에서만 벌어지는 일이니 안심해도 되는 것일까? 그렇지 않다. 문제는 여기에서 끝나지 않기 때문이다. 한류 콘텐츠가 아시아 및 글로벌 시장에서 인기를 얻으면서 한국 스타들이 입었던 의상이나 소품이 세계 시장에서도 유행하는 경우가 빈번해졌다. 세계 업체들이 한국 스타들의 옷차림과 소품 하나하나에 시선을 집중하는 것이다. 그 어느 때보다도 디자인과 아이디어에서 '우리만의 것'에 집중해야 할 시기가 왔다고 할 수 있다.

청출어람靑出於藍의 진짜 뜻은 '스승을 따라하라'?

그런데 어느 유명 걸그룹 스타일리스트의 말이 기억난다. 그 스타일리스트는 외국 유명 디자이너의 웹사이트에 들어가 패션쇼에 나온 새로운 시즌 트렌드 의상을 눈여겨봤다. 그리고 '그냥 느낌이 좋아서, 제가 직접 새롭게 디자인하고 만들어서 입혔어요'라며 자신이 제작한 옷을 담당 연예인에게 입혔다. 문제는 정작 완성된 옷들이 그 유명 디자이너의 의상들과 너무나 흡사했다는 점이다. 스타일리스트 이야기로는 표절이 아니라 '오마주'라고 했다. 그 유명 디자이너의 옷이 어떻게 만들어졌는지 보지도 못했고 알 길도 없는데 어떻게 표절을 하느냐는 주장이었다. 단지 패션쇼에서 본 느낌이 좋았고 소속 가수들에게 입히면 어울릴 것 같아서 직접 창작하고 만들었다고 했다. 유명 디자이너를 오마주한 것은 맞지만 표절한 것은 아니라는 뜻이었다.

과연 그럴까? 그 스타일리스트는 한술 더 떠 이렇게 밝혔다.

"외국 유명 디자이너의 의상과 우리가 만든 스타일이 유사하게 보인다면, 우리가 그만큼 최선을 다해 정성을 들여 만들었다는 칭찬 아니겠어요?"

도무지 표절이 무엇이고 저작권 침해가 무엇인지 모르는 경우다. 최소한 그 걸그룹의 의상 스타일이 언론 등에 소개될 때 '외국 디자이너 누구의 패션쇼를 모티프로 했다'는 식으로라도 출처를 밝혀두는 편이 나을 지도 모른다. 왜냐하면 그 외국 디자이너를 모르는 누군가는 걸그룹이 입고 나온 그 의상을 한국의 스타일리스트가 처음으로 만든 디자인이라고 오인할 수 있기 때문이다. 누군가는 외국 디자이너가 이 걸그룹의 옷을 표절했다고 생각할 수도 있는 문제 아닌가?

자연을 스승으로 삼은 가우디

이처럼 원조가 분명히 존재하는데 나중에 등장한 제자나 후발 주자, 경쟁 업체 등이 더 유명해지는 바람에 원조가 오히려 기를 못 펴는 상황도 존재한다. 나중에 나온 사람이나 작품이 유명해지다 보니 원작자가 묻히는 경우다. 때로는 스승이 제자에게 묻히기도 한다. 스승보다 제자가 유명해지면서 그 제자를 길러낸 스승이 가려지는 것이다.

스승과 제자 사이에서 생길 수 있는 표절 문제 중에는 제자가 스승의 작품을 통해 스타일을 똑같이 복제하는 방식이 있을 수 있다. 스승의 특정 작품을 복제한 것이 아니므로 표절이라고 부를 수 없을지는 몰라도, 스승의 스타일을 흉내 내는 것 자체만 놓고 생각할 때는 '스타일 표절'이라고 볼 수 있지 않을까?

이에 대해, 우리가 잘 아는 스페인의 건축가 안토니오 가우디 이 코르네트Antoni Gaudi i Cornet에 대해 알아보자. 가우디는 고전주의 건축에서 탈피해 곡선을 강조한 스타일을 사용하며 장식이 화려하고 빛

이 어울리는 건축물을 만든 작가로 유명하다. 그의 작품은 유네스코에 문화유산으로도 많이 등재되었는데, 대표작으로 카사 비센스^{Casa} Vicens, 구엘 별장^{Pabellones Finca Güell}, 사그라다 파밀리아^{La Sagrada Familia, 성} ^{가족 성당} 등이 있다.

이 중 가우디의 최초 작품으로 알려진 카사 비센스는 당시 타일 공장을 운영하던 비센스라는 사람의 요청으로 지어진 개인용 주택이다. 한편 스페인 바르셀로나에 있는 사그라다 파밀리아는 지금도 계속해서 건축 중이다. 디자인이 난해한 면도 있다고는 하지만, 보통의 건물이 짧게는 몇 년에서 길게는 몇 십 년이면 완공되는 것을 생각할 때 가우디가 세상을 떠난 지 오래된 지금까지도 짓고 있는 이 성당이 얼마나 대단한 건축물인지를 다시 한 번 떠올리게 된다. 1910년에 완성된 카사 밀라^{Casa Mila} 역시 가우디의 대표작 중 하나다. 애칭이랄까 아니면 별명이랄까, '돌산'이라고도 불리는 카사 밀라는 바르셀로나 신도시 계획에 따라 세워진 건물이다. 거대한 하나의 돌을 깎아서 건물을 만들었다고 아는 사람들도 있지만, 그렇지는 않고 여러 돌을 연결하며 곡선 맞추기 위해 다듬는 식으로 작업했다고 한다.

그런데 가우디[30, 31, 32, 33]가 정말로 천재인가에 대한 의문을 가진 적이 있다. 가우디가 만든 건축물들과 유사한 건축물들을 발견하고 나서 든 생각이다. 가우디는 천재 건축가라기보다 문화 사조의 한 흐름에서 불거진 하나의 분파가 아닌가, 그러니까 어떠한 스승의 제자로 등장한 사람이 아닌가 생각하게 된 사건이었다. 가우디의 작품을 볼 때마다 드는 이 의문에 대해 답을 찾아보자.

가우디의 건축물을 통해 가우디를 이해하려면 우선 건축가인 루이스 도메네크 이 몬타네르Lluís Domènech i Montaner와 스페인의 모데르니스메Modernisme, 모더니즘 운동에 대해 알아야 한다. 우선 몬타네르는 가우디와 동시대에 살았던 건축가다. 나이는 몬타네르가 2살 많지만 비슷한 시기에 태어나 비슷한 시기에 세상을 떠났다. 그는 가우디보다 앞서 아르누보art nouveau 형식으로 활동했는데, 산트 파우Sant Pau 병원을 지을 때 몬타네르와 가우디는 서로 의견을 나눠가며 함께 작업을 하기도 했다고 한다.

19세기 말에서 20세기 초 유럽에서는 어떤 예술 양식이 번졌다. 프랑스어로 '새로운 예술'을 뜻하는 아르누보였다. 이는 이전까지 성행하던 아카데미 예술에 반대되는 사조로 등장했는데, 이때 함께 유행한 것이 모데르니스메 운동이었다. 꽃이나 식물 줄기의 곡선을 바탕으로 한 장식을 건축물은 물론 집안 가구들에까지 사용하는 특징을 보인다.

이 아르누보에서 영향을 받은 작품이 있는데 바로 카탈라냐 음악당Palau de la Musica Catalana이다. 이 건축물은 가우디의 스승으로 불리는 몬타네르의 작품이다. 스승이 누구냐고 묻는 질문에 가우디가 창밖

청출어람靑出於藍의 진짜 뜻은 '스승을 따라하라'?

을 가리키며 "자연이 내 스승"이라고 대답했다는 이야기는 너무나 유명하다. 하지만 정작 사람들에게 가우디의 스승으로 알려진 사람은 따로 있으니 바로 몬타네르[34]다. 가우디가 자연을 스승으로 칭한 것은 당시에 유행하던 예술 사조인 아르누보나 모데르니스메를 의미하는 것이며, 건축물에 곡선을 사용한 방식은 가우디만의 것이 아니었다고 보는 이유가 여기에 있다. 가우디를 만든 것은 결국 몬타네르라는 스승과 동시대에 유행하던 흐름이었다고 봐야 하지 않을까? 만일 몬타네르가 가우디를 만나지 않았다면 어땠을까? 가우디보다 앞서거니 뒤서거니 하며 아르누보와 모데르니스메 운동을 벌이던 건축가. 가우디의 스승으로만 알려질 것이 아니라 가우디보다 더 뛰어난 건축가로 알려지지는 않았을까?

정리하자면, 가우디의 건축 방식은 그가 독창적으로 창작해낸 고유의 스타일이 아니라 당시 유행하던 모데르니스메 운동과 아르누보 형식의 영향을 받아 동시대에 활동하던 예술의 일환으로 생겨난 것일 수 있다. 특히 몬타네르가 만든 카탈라냐 음악당과 산트 파우 병원 등에서처럼 건축에 곡선을 사용하는 디자인 방식은 당시 유행하던 거대한 문예 사조로 볼 수 있을 만큼 자연스러운 스타일일지도 모른다. 가우디만의 것이라기보다는 동시대 트렌드에 따라 생겨난 방식일 따름이라는 의미다. 스승의 스타일을 따라 만들어낸 것, 즉 가우디가 몬타네르에게 배운 건축 방식인 것이다.

학자의 양심은
어디로 사라졌는가?

짜깁기 논문들,
출처를 숨기다

흔한 일이 되어버린 고위공직자 논문 표절

교육 관련 정부 부처에 고위공직자로 이름을 올렸던 이가 사퇴하는 사건이 발생했다. 대학 교수 시절 벌였던 논문 표절이 밝혀졌기 때문이다. 모 대학의 총장은 제자의 논문을 표절한 사실이 드러나면서 취임이 얼마 지나지 않아 물러나기도 했다. 이런 일은 비일비재하다. 어느 정치인은 박사학위 논문 표절 의혹으로 소속 정당에서 탈당해야만 했고, 정부 기관의 고위공직자 중 한 사람은 역시 박사학위 논문 표절 의혹을 받아 국민 앞에 사과하기에 이르렀다. 성직자도 예외가 없었다. 신학 박사학위를 받기 위해 썼던 논문이 표절이었다는 사실이 드러나자 사건의 주인공인 모 교회 담임목사는 6개월간 설교를 중지했다. 정부 산하기관에서 임원을 맡고 있던 이는 박사학위 논문 표절이 밝혀지며 학위를 취소당했고, 인기 연예인만큼이나 명성을 떨치던 어느 강사는 석사학위 논문 표절 사실이 드러나 여론의 뭇매를 맞았다.

도대체 무슨 일이 벌어지고 있는 중인가? 사회 지도층 인사들이라고 말할 수 있는 정치인, 대학교수 심지어 성직자가 너 나 할 것 없이 학위 논문을 표절하고, 이것으로도 모자라 그 사실을 숨기고 있다가 나중에 들통 나면 사과하고 사퇴하는 등 임기응변식 대응을 보이고 있다.

이런 상황에서 학생들에게 학문을 배우고 익히는 데 힘쓰라고 말할 수 있을까? 국민들에게 법과 규범을 준수하라고 앞장서 외칠 수 있을까? '논문 표절쯤이야…' 하는 생각으로 변명뿐인 그들이 얼마 지나지 않아 정부 요직에 오르며 승승장구하는 모습을 보인다면 우리는 이를 어떻게 받아들여야 하는가?

대학교수들의 입장을 들어보면 일리가 없는 것도 아니기는 하다. 연구와 강의에 힘써야 할 교수들이 학생 취업률에 신경 쓰게 되면서 제자들 일자리를 소개해줄만한 사람을 찾아다니기 바쁘다고 한다. 대학에서 교수 임용 시 고려하는 업무 성과에도 일부 반영된다고 하니, 교수들에게도 취업률은 당장 발등에 떨어진 불이다. 자기가 가르친 학생들 앞가림까지 걱정해야 하는 것이 우리나라 교수들의 현실이라고 본다면 1년에 논문 한 편 제대로 내지 못하는 실정이 이해가 되기도 한다.

실제로 국내 대학교수가 해외 학술지에 논문을 발표하여 게재하는 비율은 전체 대학교수의 25퍼센트에 지나지 않는다. 교수 4인당 1명꼴이다. 특히 1996년도의 자료[35]에서는 한 해 동안 국내 대학교수들이 해외에 발표한 논문의 수가 하버드 대학교Harvard University와 도쿄 대학교東京大學, 동경대학의 교수들이 수준급 학술지에 발표한 논문 수에도 미치지 못한다고 드러났다.

물론 참담한 소식만 있는 것은 아니다. 작년에 발표된 자료[36]에 따르면, 2014년 포항공과대학교는 교수 1인당 6.5편 이상의 SCI급 논문 발표, 편당 13.8회 이상의 피인용 횟수를 기록했다고 한다. 눈여겨볼 성과다. 이 정도면 세계적으로도 상위권에 해당하는 수치로, 다른 대학교수들에게 자극이 될 것이다.

그러나 일부의 성과를 제외하면 지금도 사정은 1990년대 자료에서 별반 나아지지 않은 듯하다. 대학 입시를 준비하며 밤을 새워 공부하던 학생들이 막상 입학 후에는 공부를 멀리한다는 이야기가 교수 사회에도 적용되는 것은 아닐까? 교수, 즉 전임교원이 되기 위해서 논문을 발표하고 공부를 계속하던 사람이 교수가 되는 순간 학문에서 멀어진다는 것이다.

그런데 알다시피, 논문 표절은 교수들만의 문제가 아니다. 논문을 대필을 해주는 업체들까지 등장하면서 몇 백만 원만 주면 주제 선정부터 글을 베껴주는 서비스까지 대행해주는 곳이 넘친다. 교수들을 위한 논문뿐만 아니라 대학생들을 위한 리포트 작성까지 가능하다고 하니 이런 일이 얼마나 널리 퍼졌는지 짐작해볼만 하다.

논문을 표절하는 방법은 의외로 단순하다. 일단 자기가 쓰려는 주제와 비슷한 논문을 찾는다. 그리고 그 논문이 어떤 논문을 인용했는지 살펴본다. 인용된 논문은 지금 베끼려는 논문보다 훨씬 더 오래된 논문일 것이다. 그럼 이제 이 '오래된 논문'을 자기 논문에 그대로 옮긴다. 이렇게 완성된 논문을 심사하는 사람은 사실상 원작이라고 할 수 있는 중간 단계의 논문을 보지 못한 상태다. 그럼 심사 대상이 되는 논문이 아주 옛날의 논문을 참고해 '인용했다'고 생각하게 될 것이다.

논문 대필 업체에서는 논문에 인용된 자료, 설문 조사, 통계 수치 따위에서 숫자만 바꾸며 다수의 논문을 이어 붙이는 방법을 사용하기도 한다. 이렇게 하다 보면 업체에 논문을 맡긴 의뢰인들의 논문이 어느 순간 서로 비슷해질 수도 있다. 하지만 이는 업체에서 신경 쓰지 않는 부분이다. 나중에 집필 의뢰 사실이 발각될 경우에야 책임지게 될 일이기 때문이다.

'학위 장사'와 표절의 악습

그렇다면 논문을 대필 의뢰하는 이유는 무엇일까? 논문을 표절하려는 의도는 무엇일까? 누군가에게는 학문 연구를 하면서 써낸 논문보다 단순히 학위 그 자체가 사회생활을 위해 필요하다. 학문에는 별 관심도 없으며, 만일 직장이라도 다니고 있다면 회사 일을 병행하느라 바쁠 이들은 시간도 없고 글을 정리하거나 연구할 틈을 내기도 어렵다. 게다가 논문을 통해 얻은 연구 업적보다는 학위를 통한 승진과 성공에 더 끌린다.

논문 표절과 대필 의뢰는 소위 '학위 장사'라고 불리는 행태와 밀접한 관계가 있다. 진짜 연구 업적이 필요한 사람이라면 자기 손으로 이뤄낸 결과가 필요하기에 다른 이에게 섣불리 논문 집필을 의뢰하거나 표절을 할 수가 없다. 반면 연구에는 관심도 없지만 학위 하나만 있으면 연봉과 직급이 달라진다는 생각에 셈을 하는 이들이 있다. 일부 사람들이 '학위 장사'에 눈을 돌리게 되는 이유다.

한편 박사학위 논문보다 석사학위 논문을 조금 가볍게 보는 경향도 있다. 그래서 논문을 심사하는 일부 교수들도 박사 논문을 볼 때와 달리 석사 논문을 볼 때는 내용을 심도 있게 보지 않고 형식을 위주로 검토하는 경우가 없지 않다고 한다.

프랑스에서는 오래 전부터 모든 논문을 마이크로필름화해서 보관하며 표절 심사를 강화하고 있다. 이에 비해 국내 사정은 아직 이렇다 할 체계가 잡히지 않은 편이다. 정부에서 논문 표절 처벌을 위한 연구윤리법을 제정하려고 한 적도 있으나 결국은 미뤄졌는데, 이 역시 논문 표절 논란을 멈추지 않게 하는 원인 중 하나다.

그런데 논문 표절 사건은 때로 당사자들의 의도와 상관없이 구설수에 오르기도 한다. 어느 대학교수와 제자가 있다고 하자. 제자가 쓴 논문의 자료를 교수가 자신의 논문에 인용하기 위해 제자의 허락을 받았다면, 이는 표절일까?

이 문제는 쉽게 판단하기 어려운 부분이 있다. 하지만 이 경우에도 제자의 논문에 사용된 아이디어, 문구, 데이터를 쓴다는 점을 명확히 밝혀야만 한다는 것이 중론이다. 누가 누구의 것을 인용했다는 출처 표시가 있어야만 표절 논란에서 벗어날 수 있다고 보는 것이다. 남의 연구 성과물을 자기 논문에 게재하면서 실수로라도 인용 표시를 하지 않았다면 이는 표절이 될 수 있기 때문이다. 논문 기재에서 실수한 학자가 연구에서는 실수하지 않는다는 법은 없다.

이익의 연구 출처는 유형원

이런 표절 논란에 대해서는 이익李瀷과 유형원柳馨遠의 이야기를 귀담아 들을 필요가 있다. 이 두 사람은 요즘으로 비유하자면 교수와 제자 사이인데, 이익은《성호사설星湖僿說》및 각종 저서에서 유형원의 주장과 이론을 빠짐없이 인용하는 동시에 유형원의 이론을 계승하고 발전시키는 데 앞장섰다. 스승과 제자가 상대방이 이룬 성과를 인정해주고 확대 및 재생산했다는 점에서 의의가 있다.

조선의 실학자였던 이익은 1705년 과거에 응시하였지만 낙방하였고, 이듬해인 1706년 그의 형 이잠李潛이 당쟁의 모함으로 희생되는 것을 보며 관직에 뜻을 버리고 학문 연구와 후학 양성에 힘쓰기로 한다. 그런데 이익의 저서를 보면 반계磻溪 유형원의 이야기가 많이 실리는데, 두 사람은 외육촌에 해당하는 친척 사이라고 하지만 나이 차가 많고 세대도 달라 사상을 동시에 공유했다고 하기는 어려울 수 있다.

하지만 중요한 사실은 이익이 유형원의 사상을 그대로 물려받아 확장시켰다는 점이다. 그래서 이익의 학문은 유형원의 학문을 이어받은 면이 많다고 본다. 알려지기로, 이익은 가문이 억울한 당쟁의 오명으로 피해를 당한 상황에서도 수천 권에 달하는 책을 지킬 수 있었고 그 덕분에 학문적 소양을 넓힐 수 있었다고 하는데 이 서가 목록 중에는 유형원의 책도 포함되었던 것이다.

이익이 유형원에게 배웠다면, 이익에게 배운 것은 안정복安鼎福이었다. 1763년 이익이 세상을 떠날 때까지 그와 그의 제자 안정복은 새로운 책을 집필하고 교정·교열을 주고받는 일을 이어갔다. 이익과 제자들의 문답을 엮어서 그의 조카들이 30권 30책으로 펴낸《성호사설^{星湖僿說}》^{37, 38}과 이를 다듬고 수정하여 10권 10책으로 만든《성호사설유선^{星湖僿說類選}》을 편찬한 이가 다름 아닌 안정복이다. 유형원의 연구 성과와 이론이 이익을 거쳐 안정복으로 자연스럽게 전해진 것이다.

관직보다는 후학 양성과 학문 탐구를 택했던 이익의 '학문적 사상'은 여러 학자의 저서로부터 영향을 받아 형성된 것이었다. 이익이 제자들과 나눈 문답을 기록한《성호사설》에 따르면 이익은 자신의 친척이기도 한 유형원의 이야기를 많이 거론한다. 요즘으로 치자면 이익이 논문을 쓰며 '출처'에 유형원을 적은 것과 같다. 유형원이 이익의 교수고, 이익은 유형원의 제자인 셈이다. 실학의 계승을 말할 때 유형원에서 이익을 거쳐 정약용으로 이어졌다고 하지만, 내 생각에는 안정복이 이익의 뒤를 이었다고 해도 괜찮을 듯하다.

그런데 유형원 역시 그의 생애에서 알 수 있듯이 관직에 오르기보다는 평생을 학문 탐구에 매진한 학자였다. 그는 이익보다 59세나 많았고, 이익이 태어나기 8년 전에 세상을 떠난 사람이었다. 다시 말해 유형원이 생전에 이익을 만날 기회는 전혀 없었다.

하지만 유형원의 저서에서 이익의 저서로 이어지는 흐름은 찾아볼 수가 있는데, 우선 유형원의 저서《반계수록^{磻溪隨錄}》을 보자. '수록^{隨錄}'이란 '붓 가는 대로 쓴 글'이라는 뜻이다. 한편《성호사설》의 '사설^{僿說}' 또한 '그때그때 생각나서 적은 글'이라는 의미를 지닌다.《반계수록》과 《성호사설》은 제목에서부터 자신의 학문적 소양에 대해 몸을 낮추려는 유형원과 이익의 겸손을 보여준다.

특히 이익은 유형원에 대해 "주장은 혁신을 통한 이상적 정치를 만들고자 함이었다"고 말하면서 자신의 사상이 유형원으로부터 비롯된 것임을 숨기지 않았다. 이익이 유형원을 학문적 스승으로 삼은 근거는 이익의 저서 《반계유선생전磻溪柳先生傳》, 《반계수록서磻溪隨錄序》 등에서도 찾아볼 수 있다. 그리고 정조 임금 시대에 와서 《반계수록》에 실린 축성 이론에 따라 수원성이 건축되었으니 유형원의 주장이 조선 후기를 지탱하는 데 채택되었다고 봐야 할 것이다.

이익이 《성호사설》에서 유형원을 언급하며 출처를 인용한 것은 요즘의 일부 대학교수를 비롯한 비양심적 학자들이 보고 배워야 할 부분이다. 남의 것을 자신의 것이라고 하지 않고, 남의 연구 성과에서 그 가치를 인정하고 받아들이며, 대신 자신의 의견을 덧대어 연구 성과를 한 걸음 더 진일보하게 만들었기 때문이다.

예를 들어보자. 조선 시대에는 정전법井田法을 가장 이상적인 토지제도라고 봤다. 이는 땅을 '정井' 자 모양처럼 9개의 구역으로 나눈 뒤 8명이 각각 한 구역씩을 경작해서 얻은 몫을 갖고, 중앙에 남은 한 곳을 공동으로 일궈 이 몫만큼만 국가에 세금으로 내게 하는 방식이었다. 이론적으로는 농업을 중심으로 하는 당시 사회에서 백성도 좋고 나라도 좋은 토지제도였다.

그러나 유형원은 《반계수록》[39, 40]에서 균전제均田制를 주장하며 토지를 백성들에게 균등하게 배분하고 자영농을 육성하자고 주장하였다. 이는 정전법을 실행했을 때 국가에 세금을 내기 위해 경작해야 하는 한 구역의 땅을 여덟 명의 백성들이 공평하게 나누어 맡기 어렵다는 점에서 발생할 불평등 요소를 해결하기 위해 제안된 방법이기도 했다. 이뿐만 아니라, 유형원은 양반 문벌, 과거, 노비 등 여러 제도의 문제점을 개선해야 한다고 외쳤다.

그런데 이익은 《성호사설》에서 유형원의 균전제보다 더 나아간 주장인 '한전론限田論'을 펼친다. 이는 '매매를 금지하는 최소한의 토지를 분배하여 경작하자'는 내용으로, 소유의 한도를 정하자는 의도였다. 유형원 주장대로 균전제를 시행하더라도 토지 매매가 이뤄지게 되면 백성들 간에 빈부격차가 다시 생기게 되어 불평등한 부의 분배가 발생한다는 단점을 보완한 주장이었다. 이처럼 이익은 유형원이 거론한 주장을 한층 더 심도 깊게 발전시켰다. 동시에 유형원이 주장했던 세 가지 문제, 즉 양반 문벌제도와 노비제도 그리고 과거제도에 사치와 미신, 승려, 게으름이라는 세 가지를 더해 '나라를 좀먹는 여섯 가지 폐단'으로 칭하고 이를 개선해야 한다고 주장했다. 이익은 자신의 실학적 사상을 독자적인 연구로만 발전시키기를 원하지 않았다. 앞서 공부한 학자들이 남긴 저서를 바탕으로 삼고, 스승의 사상을 자신이 이어받아 옛 것을 현실에 적용할 수 있도록 발전시켰다. 타인의 주장을 숨기거나 자신의 주장처럼 왜곡하지 않고 그 주장을 있는 그대로 인정하고 받아들이면서 자신의 주장을 개선점으로 추가하는 입장을 견지한 점이 돋보인다.

이익은 학문을 배우고 익혀서 자신의 책으로 다시 풀어낼 때, 자기가 배운 지식의 출처를 명확히 기록했다. 자기 것으로 하고 싶은 좋은 주장일지라도 기꺼이 그 주장을 처음 발표한 학자를 드러내며 인용한 것이다. 요즘처럼 남의 논문을 가져다가 출처도 밝히지 않고 자신의 것처럼 숨기려는 사람들에게 귀감이 될 사례가 아닐까? 출처를 적지 못한 것은 실수이니 미안하다고 말하는 학자들은 학자로서 제대로 된 연구를 할 수 없다고 스스로 인정하는 꼴이므로 창피한 줄 알아야 한다.

기록되지 않은 것은 증명될 수 없다

논문의 중요성은 다름 아닌 기록에 있다. 연구 성과를 남기고, 성공하기까지의 무수한 실패와 과오를 적어놓음으로써 후대의 사람들이 같은 실수를 반복하지 않아도 되도록 하는 것이다. 기록하지 않은 연구는 소용이 없다. 이익이 유형원을 기록하고 안정복이 이익을 기록한 덕분에 요즘의 우리가 그들의 사상과 당시의 역사를 배울 수 있다.

또한 기록해야만 나중에 논문 표절 등의 논란이 생길 때 자기 권리를 주장하고 지킬 수 있다. 기록은 표절 논란을 차단하는 가장 효과적인 방법이기도 하다. 누가 누구의 작품을 표절하였는지, 어느 나라가 어느 나라의 기술을 표절하였는지 판가름할 수 있다. 기록은 표절 논란이 일어났을 경우 가장 기초적으로 확인해야 하는 요소인 '사용 시점의 우선'을 결정짓는 데 중요하다. 사용 시점이 명확하게 드러난 기록은 어느 것이 어느 것을 표절하였는지 추정하게 해준다.

예를 들어, 우리나라의 오래된 과학기술 분야는 기록이 부족하게 느껴질 때가 있다. 우리의 옛 학문은 중국과 견주어도 뒤처지지 않았다. 우리만의 사상과 기술력을 갖춰 첨성대, 직지심체요절, 팔만대장경 등을 만들기도 했다. 그런데 이후 중국과 서양의 과학기술이 발달하는 동안 우리나라의 과학자들은 무엇을 하고 있었는지 궁금해진다. 《성호사설》과 《반계수록》에서 거론된 내용들 외에도 존재했던 수많은 과학기술들이 왜 기록되지 않았는지는 이유가 불분명하다. 당시 학자들이 기록하지 않았을 리는 없고, 기록을 했는데 나중에 어떤 사유로 사라진 것이 아닐까 싶다.

가령 고구려와 백제에는 관련 기록이 없으나 신라의 자료를 보면 4세기에 백제의 아직기阿直岐와 왕인王仁이 일본에 학문을 전해주었다는 점을 알 수 있다. 또한 602년 백제의 관륵觀勒이 일본에 건너가 역법을 가르쳤다는 이야기가 남아 있다. 이외에도 서양 선교사들이 조선에 들어오면서 서구의 과학기술이 전파되었다는 기록도 있다.

하지만 이에 앞서 우리나라 역사에서 스스로 기술을 개발한 기록이 남지 않은 이유는 불가사의하다. 누군가 어떤 의도를 갖고 과학기술 서적을 다 없애버렸다고 하더라도 모두 사라지게 하지는 못했을 것이다. 어딘가에는 분명히 그 기록들이 남아 있을 텐데, 그것을 찾을 수가 없다. 서양의 과학기술 때문에 권력을 잃어버릴 것 같았던 당시 세도가들이 기술 전파를 막고 관련 서적들도 다 없앴다고 보기에는 의혹이 풀리지 않는다. 오히려 서구 기술을 가져다가 왕권 강화에 사용할 수 있었다고 봐야 하기 때문이다.

이 문제와 관련해서는 일제강점기에 벌어진 일련의 사건들이 있을 것이라고 추측할 뿐이다. 일본에 의해 탄압을 받게 되며 사라지게 된 과학기술 기록들이 없지 않았을 것이라고 가정하는 것이다. 단순히 과학기술 발달에 대한 기록이 없다는 것 정도의 문제가 아니다. 우리가 어떤 기술을 사용하게 되더라도 그에 대한 기록이 없으면 남의 것을 표절했다고 오인받기 딱 좋은 상황이 된다. 우리나라에서도 오래 전부터 사용해오던 기술일지라도 이를 기록으로 남겨두지 않았기 때문에 불필요한 오해가 발생하는 것이다. 우리가 사용하는 기술이 사실은 서양이나 일본의 것이라는 기록이 나와 근거로 제시된다면 우리는 우리 기술이라는 주장도 제대로 못해보고 기술 표절 국가의 오명을 쓸 수 있다. 기록하지 않으면 나중에 표절 의혹이 생길 때 '내 것'이라고 주장할 수 없게 된다.

논문을 표절하게 되면 어떤 일이 생길까? 이 사람이 저 사람의 연구 성과를 베끼고, 저 사람이 그 사람의 연구 성과를 따라하게 된다면? 나중에 우리나라에서 만든 제대로 된 기술이란 것이 존재하기나 할까? 문학작품도 마찬가지다. 우리나라만의 작품이라고 부를 수 있는 것이 존재할까? 서로 짜깁기에 바쁘다면 말이다.

'나만 안 걸리면 돼!'

'선후배 사이에 모른 체 할 거야? 쉽게 쉽게 살자, 응?'

'교수와 제자가 연구 성과 공유하는 것은 당연하지! 이건 이상한 일도 아니고, 죄도 아니야.'

지금 당장 눈앞의 이익만 좇아 논문 표절을 아무렇지도 않게 생각해버리면 나중에 후대는 큰 혼란을 겪어야 할 것이다. 기술이 부재하고 문화가 부재하는 국가의 후손으로서 아무 일도 할 수 없을 것이다. 논문 표절은 그 어떤 표절보다도 더 커다란 문제를 야기한다. 바로 드러나는 손실이 없는 듯 보일 수 있다. 하지만 먼 훗날 우리의 후손들이 겪게 될 피해는 가늠할 수조차 없을 정도로 크다.

고미술 상가에 가면
여러 명의 이중섭, 박수근,
천경자가 있다?

진짜보다 진짜 같은
가짜들의 향연

**무역 길을 따라
전파되던 문물**

예술에서 창작과 표절의 경계는 '창작성의 유무'라고 볼 수 있다. 누가 먼저 창작하였고, 누가 그 창작물을 원저작자의 허락 없이 사용하였는가 하는 것이 관건이다. 고의적이지 않았더라도 출처를 인용하지 않고 사용하였다면 문제가 된다. 표절은 소설, 그림, 음악을 비롯하여 게임, 디자인, 광고 등의 여러 분야에서 이슈로 떠오르고 있다. 최근에는 인터넷의 발달과 더불어 각종 영상물이 많아지면서 방송 포맷, 영상 포맷에서도 표절 시비가 종종 발생하는 추세다.

표절을 다투는 분야가 확대된 만큼 표절 시비를 가려야 하는 국가 간 경계도 사라진 상황이다. 가령, 오늘 이탈리아 밀라노 패션쇼에

고미술 상가에 가면 여러 명의 이중섭, 박수근, 천경자가 있다?

올라온 새로운 디자인이 바로 다음 날이면 서울 동대문 시장 패션몰에 신상품으로 등장할 수 있다. 이뿐만 아니다. 중국에서든, 몽고에서든 인터넷만 된다면 언제든 실시간으로 새로운 디자인을 보고 베낄 수 있는 환경이다. 이제 표절 문제는 법적 영역을 넘어서는 이슈로 다뤄져야 한다. 창작자를 존중하는 마음, 누구나 피해자가 될 수 있다는 인식이 그만큼 중요하다. 남의 것을 표절하다 보면 언젠가는 자기 것도 표절당할 수 있다는 생각으로 서로의 창작물을 보호해야 하는 것이다.

국가 간 경계가 사라지는 현상에는 득과 실이 함께 존재한다. 인터넷의 발달로 인해 프로그램을 베끼고, 웹디자인을 베끼고, 사이트 구성안을 베끼며, 인터넷에 올라온 영상을 원저작자의 허락 없이 갖다 쓰기도 하는 등의 일이 너무나 일상적인 활동으로 자리 잡아버렸다. 이는 분명히 인터넷의 폐단이다. 인터넷은 창작물을 무한대로 접할 수 있게 해주는 너무나 편리한 도구지만, 반대로 지적재산권을 너무나 쉽게 침해당할 수 있는 표절 천국이 될 가능성도 있다.

그럼 인터넷 공간으로부터 얻을 수 있는 이득은 무엇일까? 창작물을 만드는 데 필요한 아이디어를 얻기 쉬운 공간이라는 점이다. 레퍼런스가 많아졌다는 뜻도 된다. 음악을 창작하기 위해 인터넷에 들어가면 수많은 곡을 참조할 수 있다. 영화를 만들기 위해 전 세계의 영화를 클릭 몇 번으로 볼 수도 있다. 뮤직비디오도 관람할 수 있고, 연극이나 뮤지컬, 길거리 공연을 보며 아이디어를 얻을 수도 있다. 인터넷이 주는 이득은 여기에 있다. 셀 수 없이 많은, 거의 무한대에 가까운 레퍼런스를 확보할 수 있는 점이다.

물론 내가 만든 창작물을 인터넷에서 보호할 방법도 있다. 우선 내 창작물에 접근한 사람들이 사용하는 컴퓨터가 있는 위치IP 주소를 찾을 수 있다. 모바일에서 접속할 경우에도 해당 기기의 고유 번호맥 어드레스, MAC address가 남는다. 캐시cache, 컴퓨터 데이터 값을 미리 복사해서 임시 저장해 두는 장소나 쿠키cookie, 인터넷 사용자가 웹사이트를 방문할 경우 그 사이트 서버가 사용자의 컴퓨터 에 설치하는 기록 정보 파일로도 접근 여부를 알 수 있다. 인터넷 공간이 주는 양면성이다. 잃는 것도 있고 얻는 것도 있지만, 어느 순간에나 사용자의 방문 정보가 남는다는 점에서 누가 누구의 창작물에 접근했는지, 누가 먼저 창작물을 게시했고 누가 나중에 그 창작물을 베꼈는지 기록으로 확인할 수도 있다.

인터넷이 없던 시대에는 각 나라를 오가는 사람들에 의해서 정보가 공유되었다. 직접적인 방법으로 창작물의 공유와 이동이 이뤄진 셈이다. 중국에 다녀온 사람이 가져온 중국 그림을 보고 조선의 화가가 따라 그리기도 했을 것이고, 조선의 그림이 중국으로 넘어가 베껴지기도 했을 것이다. 도자기도 마찬가지다. 조선과 중국, 일본, 몽고, 중동 및 아라비아 지역 간에 무역 교류가 일어나며 왕래하는 사람들에 의해서 여러 문물이 전파될 수 있었던 것 아닌가.

하지만 그 시대에는 표절을 하더라도 위법과 합법의 경계가 모호했다. 법적 문제를 배제하고서라도, 어느 누가 표절을 했다고 해서 원저작자가 그 사실을 알아내기란 불가능에 가까웠다. 조선 최고의 화가가 그린 그림을 중국에서 모방하더라도 알아낼 방법이 없었고, 조선 최고의 도공이 지은 도자기를 일본인이 베끼더라도 항의조차 할 수 없었다. 당시에는 외국 나들이가 고위 정부 관료나 양반 신분을 가진 일부에게나 가능한 일이었을 텐데, 그들의 체면을 위해서라도 누가 누구의 것을 베꼈다는 식의 이야기는 꺼내지 않았다. 그래서 조선 시대를 보더라도 아예 외국에 유학생을 파견해 선진 문물을 배워오게 하기도 했다. 이마저 여의치 않으면 외국 기술자를 데려와 비법을 전파해달라고 한 경우도 많았다. 이렇게 얻은 기술을 고국에서 다른 이들에게도 알려주면서 산업으로 발전시키고, 문화로 만든 것이다.

고미술 상가에 널린 위작

어느 날의 일이다. 홍콩국제공항에 도착해 시내로 나가기 위해 스타페리Star Ferry 선착장으로 가던 중 여기저기에서 이런 소리가 들려왔다.

"아저씨, 시계 있어요."

"형, 가방 있어요."

"아가씨, 핸드백 있어요."

길을 걷다보면 동남아시아에서 온 것으로 보이는 사람들이 관광 온 한국인들을 기가 막히게 알아보고 다가와서 이야기를 건넨다. 유명 브랜드 제품을 사라는 속삭임이다. 어디에서 한국말을 배웠는지는 모르겠지만, 수많은 아시아인 사이에서 한국인만 척척 골라내는 그들의 눈썰미가 신기할 따름이다. 그런데 혹시라도 이들의 미소 띤 속삭임을 듣고 따라가려는 순진한 한국인이 있을까봐 미리 경고해야겠다. '시계'와 '가방'을 연달아 외치는 그들의 대화를 받아줘서는 절대 안 된다. 누가 무슨 말을 걸든지 나 몰라라 하고 가던 길을 계속 가야 한다. 그 사람들이 판매하려는 것은 가짜 시계, 가짜 가방이다. 소위 '짝퉁'이라고 부르는 것들이다. 가짜 브랜드 제품을 들고 귀국하려다가 공항에서 망신만 당할 수도 있다.

물론 이런 상황은 굳이 홍콩에서만 겪는 것이 아니다. 한국에서도 짝퉁 브랜드를 어렵지 않게 만날 수 있다. 그뿐만 아니다. 고미술 상가가 밀집한 서울 거리에 들러보면 내로라하는 한국 대표 화가들의 작품을 쉽게 만날 수 있다. 물론, 역시 가짜다. 가게마다 내놓은 그림을 잘 살펴보면 대부분 가짜 티가 나는 작품들이다. 그런데 가게 주인에게 다가가서 이야기를 나누다보면 은밀한 제안이 들어온다.

고미술 상가에 가면 여러 명의 이중섭, 박수근, 천경자가 있다?

"박수근요, 이중섭요?"

"가능이야 하지."

가짜 그림을 구해준다는 제안이다. 그들 말로는 작품이 지방에서 온다고 하지만, 어쩐지 그 출처는 중국이라는 느낌이 든다. 물건이 도착하는 데 한 달쯤 걸린다던데, 그 이야기는 주문을 넣고 중국에서 가짜 그림을 그려서 배를 통해 들여온다는 소리로 들렸다. 그래야만 그림을 구하는 데 30일 정도 걸린다는 가게 주인의 이야기를 이해할 수 있었기 때문이다. 만일 우리나라 안에서 그림을 그려 온다면 아무리 먼 지방이라고 해도 한 달이나 필요할까? 가짜 그림을 만드는 무명의 화가가 바빠서 그런 것일 수도 있다. 주문이 밀려서 오래 걸린다는 뜻이다. 하지만 이 가정은 납득하기 어렵다. 사람들이 자주 찾는 그림은 주문이 없더라도 미리 만들어두는 것이 장사하는 사람들 방식 아닌가?

다시 '위작'이라는 주제로 돌아오자. 위작은 표절작의 개념과는 조금 다르면서도 비슷한 의미다. 어느 화가의 작품을 다른 사람이 똑같이 만들면 위작인데, 표절이란 어느 화가의 그림을 흉내 내어 비슷하게 만들거나 똑같이 만들어놓고 '이게 내 그림이다'라며 말하는 것이다. 원작자가 누구인지 밝히는 것과 밝히지 않는 것의 차이다. 표절의 영역에는 위작도 포함된다. 표절의 영역에서 위작은 인기 가수에게 생기는 닮은 꼴 스타에 비유될 수 있다. 히트 상품에는 비슷한 아류 상품이 생기는 것과도 같다. 글로벌 패션 브랜드가 성공하면 세계 곳곳에서 짝퉁 상품들이 판을 치는 것과 다르지 않다. 진짜의 명성을 이용해서 돈을 벌고자 하는 가짜들의 향연이다. 한 가지 신기한 점은 위작이라고 해도 원래 그림과 너무 똑같을 경우에는 진짜 그림을 그린 화가마저 자기가 그린 그림으로 착각하기도 한다는 것이다.

그런데 위작은 짝퉁과 약간 다르기도 하다. 위작은 가짜이기는 하지만 진짜처럼 행동하는 가짜다. 차라리 가짜임을 드러내놓을 때와는 다르다. 가짜인 척하지 않기 때문에 가짜를 진짜로 안 사람에게는 그 피해가 상당할 수밖에 없다.

국내 화가 중 위작이 많기로 유명한 사람을 세 명 꼽으라면 단연코 이들이다. 이중섭, 박수근, 천경자. 이중섭과 박수근은 서양화가로, 천경자는 동양화가로 활동하였는데, 세 작가가 한국 미술에서 차지하는 비중이 높기 때문일까? 유독 가짜를 만드는 '꾼'들의 집중 표적이 되었다. 도대체 얼마나 많은 위작이 만들어졌는지 똑같은 그림이 100여점이나 존재하기도 한다니, 그 인기를 절로 실감하게 된다. 위작의 수가 화가의 명성을 가늠하는 척도가 된다는 말이 아이러니하지만, 위작이 많다는 것은 그만큼 그 화가의 작품을 원하는 사람들이 많다는 의미이기도 하다. 그러니 위작의 수가 명성의 잣대라고 해도 전혀 어긋난 소리는 아니다.

그런데 위작을 만들어낼 수 있는 화가는 그림에 대해서 천재적 소질을 가진 사람이다. 진짜 원저작자도 못 알아볼 정도로 똑같이 베끼려면 최소한 소재 및 구도, 색감, 채색, 번짐 등에 대해 충분한 지식과 경험을 쌓아야 하기 때문이다. 게다가 각각의 화가들의 드러내는 특색까지도 정확하게 파악하고 있어야 할 텐데, 이 정도로 그림을 볼 줄 알고 똑같이 그릴 줄 안다는 것은 어지간한 능력으로 불가능한 작업이다. 물론 이런 일도 종종 있다. 위작은 아니지만 비슷한 그림을 그리다가, 그러니까 자신이 좋아하는 그림을 모사하면서 똑같이 그리다가 나중에 더 나은 작품을 만들어내는 경우다. 명작을 따라 그리다가 어느 순간 자기만의 작품을 그리게 된다는 것이다. 누구를 만나느냐에 따라 그 사람의 인생이 결정된다고 한다. 톱스타를 만나면 언젠가 그 사람도 톱스타에 오르게 된다는 말과 같은 뜻 아닐까?

《하멜 표류기》는
하멜이 쓰지 않았다?

조선의 실상과는 다른
'조선 관찰 보고서'

**│ 같은 음식을 먹어도
│ 소감은 모두 다르다**

매년 홍콩을 찾는 사람이 약 100만 명에 달한다고 한다. 주로 여름과 겨울에 쇼핑을 목적으로 들르는 사람이 대부분이지만 사업 등 다른 목적으로 방문하는 이들도 있다. 독특한 사례도 있는데, 중국 심천이 최종 목적지이지만 성수기 인파에 밀려 직항편을 잡지 못한 이들이다. 이럴 때는 우선 홍콩에 도착하면 지하철을 타고 심천에 들어갈 수 있다. 심지어 지하철 역 사이에 중국과 홍콩의 경계인 '출입경 사무소'도 있다. 또한 홍콩에서 기차를 타면 중국 광저우 역까지 2시간 만에 도착하기도 한다.

그래도 홍콩 방문객의 대다수는 역시 관광객이다. 이들은 대부분

《하멜 표류기》는 하멜이 쓰지 않았다?

빅토리아피크The Victoria Peak, 침사추이尖沙咀 등 관광 포인트에서 볼거리와 먹거리를 즐긴다. 스타의 거리星光大道에 들러 사진을 찍기도 한다. 만약 이 사람들이 한국에 돌아와 '홍콩 여행기'를 글로 엮어 사진과 함께 책으로 낸다고 하자. 아마도 비슷한 콘텐츠가 나올 수밖에 없을 것이다. 이런 상황이라면 누가 누구의 글을 표절한 것으로 인정될까?

우선 고려해야 할 요소가 몇 가지 있다. 글쓴이가 실제로 홍콩에 다녀온 적이 있는가, 글쓴이의 경험에 의해 창작된 글인가, 글쓴이의 사상이나 감정 등을 담고 있는가, 직접 촬영한 사진을 사용했는가 등이다. 관광지의 풍경은 동일할 것이고, 관광객들의 이동 경로 또한 유사할 수밖에 없다고 치더라도 어떤 음식을 먹을 때 느낀 소감은 사람마다 다르다. 글에서 다루는 주요 대상에 대해 글쓴이의 주관적인 사상이나 감정이 들어갔다면, 이는 고유한 창작물에 해당된다고 할 수 있다.

하지만 자기만의 것이 아닌 다른 사람의 사상이나 감정을 마치 자신의 것처럼 책에 옮겨 적었다면 이는 저작권 침해이자 표절에 해당되는 문제다. 외형적으로 홍콩 여행이라는 틀이 유사할 수 있지만 그 과정에서 느끼는 저마다의 생각과 소회는 다를 수밖에 없기 때문이다. 일부 내용이 유사할 수 있다고 하더라도 매우 제한적인 부분에 해당되는 이야기다. 전체적인 측면에서는 다른 면이 생기게 된다. 만약 글쓴이의 사상과 감정이 전반적으로 유사하다면 이는 베껴 쓴 것에 해당될 수 있으며 표절 논란에서 벗어날 수 없게 된다.

이럴 때는 추가적으로 확인해야 할 부분이 있다. 유사한 부분을 가진 두 작품의 작가가 서로 만난 적이 있는가, 원저작자의 콘텐츠에 다른 사람이 접근할 기회가 있었는가, 양측 작품에서 공통적으로 발견되는 오류가 있는가, 보통 상식을 가진 사람이 보기에 유사한가, 누구의 작품이 먼저 만들어졌는가 등이다.

추가적으로는 단순히 '똑같다'는 차원에서 나아가 원저작자가 2차적 사용에 대해 동의를 했는지도 확인해야 할 필요가 생긴다. 가령 홍콩 여행기를 썼다고 하자. 이를 본 다른 사람이 이 여행기를 해외에서 번역 출판하거나 영화, 연극, 뮤지컬 등으로 다시 만들고 싶어 한다. 그래서 원고를 외국어로 번역하는 등의 과정을 거쳤는데, 알고 보니 누군가 앞서 이미 같은 일을 실행했을 수 있다. 이 경우에는 원저작자의 2차적 저작물 작성권 침해 여부에 대해 조사해야 한다.

이처럼 표절이란 저작재산권 침해의 문제 사이에서 경계를 넘나드는 중대한 사안이 될 수 있다. 단순 표절인지, 아니면 법적 책임을 져야 하는 저작권 침해인지의 판단을 내려야 할 수도 있는 것이다. 고위직이나 교수 자리에 오른 사람이 과거에 썼던 논문에서 출처를 제대로 밝히지 않았다는 사실이 드러나면 해당 직책에서 사퇴하고 재발 방지 대책을 세우는 등 사건을 마무리한다. 하지만 저작권침해

《하멜 표류기》는 하멜이 쓰지 않았다?

사안에 해당될 경우에는 법적 책임을 지고 손해배상까지 해야 할 수도 있다.

법정으로 간 베스트셀러

어느 날, 일본 사회에 대한 한 권의 비판서가 우리 사회에 화제를 몰고 온 적이 있다. 저자가 일본에 가서 생활하며 체험한 내용을 중심으로 하여 리포트 형식으로 출간한 책이었다. 나도 우연히 서점에 들러 그 책을 보며 이런저런 생각을 했다. 그런데 훗날, 이 책의 일부분이 다른 사람의 글에 대한 표절로 결론지어지면서 다시 한 번 주목을 받았다. 알고 보니 두 저자는 서로 만난 적이 있으며 친하게 지낸 사이였다. 글의 원저작자는 집필과 기고를 하는 동안 글의 방향과 내용에 대해 주위의 여러 사람에게 조언을 구하는 등의 행동을 했으며, 이런 여러 정황을 볼 때 해당 원고는 '공표'되었다고 할 수 있었다.

그러나 표절 의혹을 받은 저자는 절대 그런 일이 없다고 주장했고, 이 사건은 결국 소송으로 번져서 법원의 판단을 따르게 되었다. 결국 표절 의혹을 받은 저자가 원저작자로부터 내용, 소재, 아이디어에 대해 듣고 무단으로 사용하거나 인용하여 책 속에 일부분을 사용하였다고 봄이 상당하다고 결론 내려지며 표절로 인정되었다. 예를 들어 원저작자만 알고 있는 내용이 논란이 된 책에 버젓이 실렸다는 점도 드러났고, 내용상 오류가 기재된 부분이 수정되지 않고 책에 그대로 실렸다는 점도 표절이라는 주장을 받아들일 수밖에 없는 근거 중 한 가지로 제기되었다.

▌조선을 탈출하려 했던 하멜

이 사건은 마치 조선 시대의 두 사람, 얀 야너스 벨테브레이[Jan Janse Weltevree]와 헨드릭 하멜[Hendrik Hamel]의 이야기를 보는 것 같았다. 《하멜 표류기》[41, 42, 43]의 저자 하멜이 조선에 살던 벨테브레이에게 조선의 이야기를 듣고 네덜란드로 돌아가 이 책을 써낸 것이 연상되었기 때문이다. 일본에 대한 앞의 책처럼, 《하멜 표류기》가 과연 하멜이 진짜로 겪은 조선의 이야기를 반영하고 있는지 의문이 든다. 하멜이 벨테브레이의 이야기를 듣고 그대로 종이에 옮겨 적으면서 표절을 하지는 않았을까 충분히 생각해볼 수 있는 부분이 있다.

《하멜 표류기》에 대해 알려면 우선 벨테브레이와 하멜의 만남에 대해 전후 사정을 살펴야 한다. 벨테브레이는 1627년 바다에서 표류하다가 제주도 땅에 올라온다. 그는 조선군에 붙잡혔지만 조선인으로 귀화해 살며 이름도 박연朴淵[44]이라고 고쳐 짓고 과거에도 급제했다.

그리고 26년이 흘러 1653년 여름, 하멜 일행이 표류로 인해 제주도에 도착했다. 그들은 1666년이 될 때까지 13년간 조선에 머물렀는데, 이때 통역을 맡고 조선의 풍속도 소개해준 이가 바로 벨테브레이였다.

그렇다면 여기에서 생각해볼 점이 있다. 《하멜 표류기》에 나온 조선에 대한 이야기가 정말로 하멜이 겪은 경험에 근거하고 있을까? 혹은 하멜이 직접 조선인들을 인터뷰하며 얻어낸 사실을 따르고 있을까? 하멜과 벨테브레이의 인연을 이해하자면 하멜이 조선에서 어떻게 지냈는지부터 알아야 한다. 처음 조선에 도착한 하멜은 감금과 억류 생활을 하다가 나중에 벨테브레이의 도움으로 조선에 대해 배우면서 군에 소속되어 일하게 되었다. 이 점을 눈여겨보자.

《하멜 표류기》를 보면 당시 조선은 국법에 따라 조선에 온 외국인을 돌려보내지 않는다고 기록되어 있다. 하지만 이는 사실과 다르다. 벨테브레이의 경우에도 처음에는 왜인들과의 외교나 무역 업무를 맡던 기관인 동래 왜관東萊倭館에 보내졌지만 왜관에서 인도를 거부한 탓에 부산 지역에 4년가량 억류되어 있었다. 한국을 서구에 소개하는 데 크게 기여한 책 중 하나인 《한국천주교회사韓國天主教會史》 기록에 따르면, 조선의 외교 정책이 쇄국이라는 점은 일부분 사실과 부합하지만 이는 외국인이 조난을 당했을 때와는 다른 경우로, 의도적으로 허락 없이 조선 땅에 오른 사람을 처벌한다는 기록이 있을 뿐이다. 표류 끝에 조선에 도착한지 얼마 되지 않은 하멜 일행은 일본으로 탈출을 시도하다 붙잡혀 억류당하는 신세가 되었는데, 이때부터 그들의 신분이 조난자에서 죄수로 바뀌게 된 것으로 이해해야 한다. 그리고 서울로 압송된 후에는 벨테브레이의 지시를 받으며 훈련도감의 포수로 일하였고 매월 급여도 받는 등 조선인 대우를 받았다. 이런 점에서 하멜이 조선의 생활상을 배울 수 있었을 것이라고 이해되는 점도 있지만, 충분하지는 않아 보인다. 죄수에서 군인 신분이 되었다고는 해도 감시를 받는 처지였을 텐데《하멜 표류기》에 드러난 내용처럼 조선의 모든 생활상에 대해서 직접 경험할 수는 없었을 것 아닌가?

또한《하멜 표류기》의 부록이라 할 수 있는 〈조선국기朝鮮國記〉에는 조선에 대한 각종 정보가 갑자기 삽입되어 있다.[45] 이 점도 이 책의 진실성에 대해 의문을 갖게 한다. 물론 하멜이 조선에 머물며 겪은 일들을 책으로 남겼다는 것에 의문을 갖는 것은 아니지만, 내용상 하멜이 겪었다고 보기에 의혹이 생기는 부분도 있다는 의미다. 그리고 하멜이 고향인 네덜란드에 도착한 시기는 1670년이다. 그런데 그의 보고서가 출판사 세 곳에 의해《하멜 표류기》로 출간[46]된 시기는 그보다 앞선 1668년이다. 역시 이 책의 신빙성을 의심하게 되는 대목이다.

한편 하멜 일행은 1655년 조선에 방문한 청나라 사신의 앞을 막고 '우리를 조선에서 데리고 나가달라'며 요구한 일이 있다. 하지만 곧 조선군에게 다시 붙잡히는데, 이때가 하멜과 벨테브레이의 마지막 만남이 되고 말았다. 조선 왕실에서는 하멜 일행의 처형까지 논의하다가 귀양을 보내기로 결정하였다. 그러니 하멜과 벨테브레이가 만나서 이야기를 나눈 시기는 1653년 11월 말부터 1655년 4월까지가 전부인 셈이다.

《하멜 표류기》가 조선을 유럽에 알렸고 유럽에서는 이 책을 바탕으로 조선과 무역 거래를 시도했다고도 하지만, 하멜이 조선에서 억류되고 탈출하려다가 붙잡혀 구금되는 상황을 반복하면서 조선의 실제 모습을 제대로 관찰해 기록했다고는 생각되지 않는다. 일본에 보내달라고 해도 말을 들어주지 않고, 청나라 사신에게 도움을 요청하면서까지 탈출하려던 상황에서 붙잡혔으니 말이다. 이런 하멜 일행을 본 조선인들도 말을 참 듣지 않는 무리라고 여겼을 것이 뻔하다.

하멜의 그늘에 가려진 진짜 저자는?

《하멜 표류기》에 적힌 내용 중에는 신빙성을 의심할만한 부분이 없지 않다. 외국인이 조선에 표류해 오면 돌려보내지 않는다거나 쇄국 정책으로 일관하여 무역을 하지 않았다는 식으로 오해를 불러일으킬만한 이야기들이다.

하지만 우리나라는 아주 오랜 옛날부터 이웃 국가와의 상거래나 무역 활동을 활발하게 했으며, 이는 당시의 지역적 특성[47]을 봐도 알 수 있다. 3세기 이후 우리나라는 중국과의 교류가 아주 많았다. 주로 책과 비단이 거래 대상이었다. 4세기경에는 백제 근초고왕이 세력을 넓혀 요동과 요서지방을 차지하면서 다양한 무역 거래[48]가 이뤄졌다. 5세기에는 고구려 광개토대왕과 장수왕이 나라를 강성하게 하며 한강 유역을 점령했는데, 6세기에는 신라 진흥왕이 다시 이 지역을 점령해서 중국과 교역을 확대했다. 이어 7세기가 되자 고구려와 백제가 쇠퇴하고 신라와 연합한 당나라의 공격으로 삼국이 통일되며 문물의 혼합이 일어났다. 삼국이 가장 원하는 국가 발전의 요충지는 바로 한강 유역이었는데, 이곳에서 뱃길을 통해 중국과의 무역 거래 등이 발생했었다. 통일신라 이후에는 울산항이 자리를 잡았지만 이전까지는 한강 유역이 무역의 거점이었다.

역사적 사실을 찾아보면 우리는 일본과도 활발히 무역을 했다. 삼국시대 이후 중국 및 일본과의 교류에 대해 살펴보자. 우선 고구려는 일본에게 불교, 회화, 종이, 붓을 전해주었다고 한다. 또한 김해 지역에 위치해있던 가야는 토기를 만드는 기술이 뛰어났는데 일본에 이러한 기술을 전해주었다고 한다. 신라는 조선술 등을 전파하며 일본과 가장 많은 교류를 했고, 일본과 제일 친했던 국가인 백제는 유교, 불교, 회화, 역법을 전해주었다. 불교의 전파 경로도 살펴볼만한데, 가장 처음 인도가 중국에 불교를 알렸고, 이어서 중국으로부터 고구려와 백제에 전달되었다. 이는 고구려를 통해 신라로, 백제를 통해 일본으로 이어졌다.

　신라는 당과 많은 교류를 했는데, 당에서 고급 비단과 옷, 책, 공예품 등을 수입하였다. 이 당시 울산항은 국제 무역항으로써 크게 번성하여 아라비아 상인까지도 자주 들어오는 곳이었다. 신라인들이 당을 왕래함에 따라 산둥반도 등의 일대에는 신라인 마을인 신라방과 신라촌이 생기고 신라소라는 감독 관청과 신라원이라는 절까지 들어섰다고 한다. 또한 울산항을 찾던 아라비아 상인들은 이곳에서 진귀한 보석들과 모직물, 향료 등의 남방 물산을 거래했다. 다만 이러한 외국 문물이 들어오면서 신라 귀족들의 사치와 허영이 높아졌다는 측면도 없지는 않다.

　이처럼 신라가 당과 친했다면, 고려는 송과 친했다. 그런데 이웃에 있던 거란족의 국가인 요나라는 이에 불만이 있었는지 고려와 세 차례나 전쟁을 벌였다. 물론 결과는 모두 고려의 승리로 끝났지만, 어쨌든 고려는 송과 요, 일본과 교류를 했으며 여진과도 왕래했다. 당시에 여진은 고려에 많은 물건들을 바쳤는데, 고려는 얼마 지나지 않아서 몽골과 강화를 맺었다. 고려는 건국 이후부터 송, 거란, 여진 등의 외국인 출입을 자유롭게 허용하며 개방 정책을 폈는데, 아라비아 상인들까지 무역을 하러 고려에 왔다고 한다. 우리나라를 영어로 '코리아Korea'라고 부르게 된 시기가 바로 이때부터다. 그리고 하멜이 방문했던 조선도 원나라에 이어 등장한 명나라와 자주 교류했으며 1592년 임진왜란을 거친 후에는 일본과도 통신사를 통해 관계를 이어나갔다. 이처럼 인접 국가와 오랜 시대에 걸쳐 무역하고 거래해온 역사가 있는데, 쇄국을 하여서 외국과 교류하지 않았다는 하멜의 주장은 신빙성을 의심받아야 하지 않을까?

그런데 벨테브레이는 어디로 간 것일까? 하멜 일행을 마지막으로 만난 이후, 그들이 고국으로 돌아갔다는 이야기를 들었다면 벨테브레이는 어떤 심정이었을까? 어쩌면 그는 하멜과 같이 조선에서 살고 싶었을지도 모른다. 《하멜 표류기》나 당시 조선에 남은 기록을 보면 벨테브레이가 하멜 일행을 회유하고 조선에서 살도록 마음을 굳히게 했다는 기록은 없지 않다. 반대의 경우라면 그가 오히려 하멜 일행이 조선을 탈출하도록 도와줬다고 보는 편이 더 합리적이다. 네덜란드에 두고 온 자신의 가족과 친지들에게도 소식을 전해달라고 했을 것이 분명하다.

《하멜 표류기》를 쓴 하멜이 책 출간 이후 어떻게 살았는지에 대한 기록은 없다. 확인할 수는 없지만, 다시 항해를 이어나가며 선원 생활을 하지는 않았을 듯하다. 조국에 돌아간 뒤 조선에 머물며 지낸 10여 년 동안에 대한 대가를 청구해 받은 하멜. 조선을 다녀온 보고서 하나로 유럽 사회에서 명성을 얻었을 그가 다시 항해를 이어나가며 선원 생활을 했으리라고 쉽게 이해할 수 없다.

무엇보다도 《하멜 표류기》의 상당 부분에 대해 생각해볼 필요가 있는데, 하멜이 조선에 머물면서 언어를 배웠다고는 하지만 그래도 그가 직접 겪었거나 알았다고 보기 어려운 내용들이 책에서 언급되고 있다. 벨테브레이의 입을 통해 들은 정보는 아니었을까? 왕이 주는 형벌, 청나라와 조선의 관계 같은 내용도 그렇다. 탈출과 억류를 반복하고 유배지에서 생활하던 하멜 일행이 파악했다고 보기에는 신빙성이 떨어지는 부분이다.

만약 하멜이 아닌 벨테브레이가 청나라 사신과 함께 조선을 떠나 고국으로 돌아갔다면 어떤 일이 벌어졌을까? 네덜란드에 도착한 그가 유럽에 조선을 조금 더 사실적으로 알려주지 않았을까? 조선에서 가정을 이루고 살아가던 벨테브레이가 조선을 조선인으로서 세계 무대에 소개하지 못한 점이 아쉬울 따름이다.

라파엘로는
모방의 전문가?

르네상스 시대에 갇혀버린
그림의 대가

표절은 시대를 거치며 점점 더 넓은 영역에서 벌어지고 있다. 글이나 그림처럼 오래 전부터 존재해온 분야에서는 물론이고 게임이나 웹툰처럼 새로 생겨나는 분야에서도 확산되는 중이다. 때로는 플랫폼을 달리 하면서 방송이 게임을, 영화가 소설을, 드라마가 만화를 베끼기도 한다. 하지만 일차적으로는 같은 분야 내에서 의혹이 불거지는 편이다. 표절의 대상이 되는 콘텐츠가 늘어나며 표절은 쉽게 끝나지 않는 논쟁거리로 자리 잡았고, 저작권 침해 등으로 문제가 확대되기도 하며 더욱 복잡해지는 양상이다.

그렇다면 비교적 가장 최근 등장한 분야를 살펴보자. 바로 웹툰이다. 웹툰이란 무엇인가? 인터넷을 매개로 배포하는 만화로, 대부분 1인 작가 체제를 통해 운영된다. 컴퓨터와 포토샵 등의 프로그램 그리고 태블릿이라고 불리는 도구만 있으면 준비 끝이다. 태블릿은 넓은 판과 펜으로 구성된 도구인데, 컴퓨터에서 그림을 쉽게 그릴 수 있게 해준다. 진짜 펜으로 종이에 그림을 그리듯 손의 힘을 조절해 선을 표현할 수 있고 자연스러운 곡선을 나타내기에도 편리하다. 태블릿에서 가장 중요한 것은 브러시 기능이다. 그림 그릴 펜을 설정하는 것을 말한다. 스케치용 브러시도 있고, 가느다란 펜처럼 나오는 펜 선용 브러시도 있다. 물론 색상을 넣어주는 채색용 브러시도 있다. 판에 그림을 그리면서 문지르기 효과를 내는 경우도 있는데 이럴 때 쓰는 브러시도 설정 가능하다.

웹툰이 1인 작업의 결과물이라면, 기존 방식의 그림책이나 만화책은 조금 다른 과정을 거쳐서 만들어진다. 이런 책들은 보통 '화실'이라 부르는 곳에서 제작되는데, 대표 작가가 한 명 있고 그 곁에서 문하생 자격으로 그림을 배우는 제자들이 일을 나누어 맡는다. 만화책을 하나 만든다고 생각해보자. 커다란 만화용 원고지에 칸을 나누는 작업, 나눠진 칸에 배경을 묘사하는 작업, 칸마다 주인공을 그리는 작업, 채색을 하는 작업 등으로 과정이 구분된다. 그래서 만화 작가 한 명의 이름으로 완성되는 작품이라고 하더라도 그 이면에는 여러 명의 문하생들이 함께하는 경우가 일반적이다.

표절 논란은 기존 방식의 만화에서도, 웹툰에서도 발생한다. 물론 대부분의 작가들은 양심껏 작품 활동을 하고 있다. 하지만 마음만 먹는다면 웹툰처럼 혼자서 기획하고 완성하는 작품에서는 표절을 하기 훨씬 쉬울 수도 있다. 눈치 볼 사람도 없고 마음대로 하면 되기 때문이다. 여러 명의 손이 필요하던 만화 제작 환경이 점차 변해 웹툰과 같은 상황이 되면서 기술적으로는 편해진 부분이 있으나, 표절의 기회도 많아졌다는 점이 단점으로 떠오른다.

과거처럼 문하생을 두고 일하는 화실에는 여러 사람의 눈이 있다. 그러니 표절을 한다거나 대놓고 베끼는 일은 상대적으로 힘들다. 만화라면 전문인 사람들이 모여 있는데, 누구의 그림 스타일을 따라한다거나 누구의 스토리를 비슷하게 가져온다면 금방 들통나게 된다. 그리고 문하생들은 한 명의 만화가 밑에서만 배우는 것이 아니다. 또한 다른 만화 작가의 사무실에서 문하생으로 일하는 사람들과도 서로 친하게 지내는 편이다. 그러니 속여야 할 눈이 점점 많아진다. 이들에게 모든 것을 감추고 표절한다는 것은 거의 불가능에 가깝다.

그러나 한편으로는 문하생들이 여럿 일하는 화실만의 문제가 있었다. 표절을 하기 쉽거나 어렵다는 이야기가 아니다. 이른바 '자기 복제'의 문제다. 오랜 시간 동안 어느 한 만화가의 화실에서 문하생으로 일하다 보면 그 만화가의 그림체와 대사 스타일, 콘티_{그림, 대사 등} _{을 어떻게 연출할지 대강 설정해놓은 일종의 대본} 구성 방식을 모두 알게 된다. 마치 그 만화가처럼 작품의 전부를 만들 수 있게 된다는 이야기다. 자기 복제가 이뤄지기 쉬운 구조다.

앞서 알아본 화가들의 이야기 중에 위작에 관한 것이 있었다. 원저작자도 자기 작품으로 착각할 정도로 진짜와 똑같은 가짜가 나올 수 있다고 했는데, 이런 위작의 일차적인 근원지는 문하생이라고 보는 것이 타당하다. 물론 어떤 아마추어 화가가 선망하는 작가의 화풍을 오랜 기간 연구하고 모사하면서 가짜를 만들어내는 일도 있다. 하지만 하나의 그림을 완성하는 데 사용되는 물감의 종류, 사용하는 이젤과 종이, 그림마다 담긴 화가의 특색, 물감 말리는 시간, 작업 속도와 간격 등 세부적인 요소들까지 속속들이 다 아는 사람이라면 그 화가와 오랜 기간 같은 화실에서 일해본 문하생 외에는 없다. 그림을 그릴 때 펜의 위치와 각도, 색을 칠할 때 붓과 물감의 종류처럼 그림의 특색을 결정하는 요소들은 무수히 많은데, 이를 모두 다 파악하려면 외부인은 불가능하다. 어느 화가의 문하생, 즉 제자가 되어 배우다 보면 스승의 화풍을 따라하고 흉내 내게 되면서 자기도 모르는 사이 표절의 노하우를 익히게 되는 수가 있다. 경우에 따라서는 스승의 작품을 그대로 만드는 위작이 나올 위험성도 생긴다. 고의적으로 따라했는지와는 상관없이 표절 논란이 생길 수 있는 위험성이 다분하다.

예를 들어 한 미술관이 어떤 화가의 작품을 소장하고 있었다. 미술관 측에서는 소장품이 진품이라고 주장하는데 정작 화가 본인은 그것을 위작이라고 말했다. 심지어 가짜를 만들었다는 범인이 나타나서 '내가 위작을 그렸다'고 하는데도 미술관에서는 그 말을 받아들이지 않고 진품이라고 강변했다. 도대체 누구의 이야기를 믿어야 할지 모르는 상황이다. 미술관이나 위작을 그린 범인이나 혹은 화가 본인도 사실은 명확한 근거를 대지 못하는데, 이야말로 더 큰 문제다. 분명 그 그림은 진짜 아니면 가짜인데 어느 누구도 이렇다 하고 확신을 주지 못하는 것이다. 그 정도로 진짜와 가짜를 구별하기는 힘들다. 사실 관계를 떠나서, 그 작품이 만약 위작이 맞다면 그 위조범은 최고의 실력자라고 해야 하지 않겠는가? 절묘한 위작의 탄생이다.

작품을 만들 때 작가의 화풍과 습관, 버릇 등 모든 것을 이 정도로 알고 따라했다면 이는 문하생에 의한 경우가 대부분이다. 진짜와 가짜를 구별 못할 정도로 완벽하게 모방하는 실력은 아니더라도 미술계에서는 예전부터 문하생의 화풍이 스승의 화풍과 비슷해지는 일이 종종 있어왔다. 문하생이 스승과 비슷한 화풍을 선보이면 같은 학파로 구분되고, 다른 스타일의 화풍을 창조하면 스승의 학파에서 갈라져 나와 새로운 학파로 등장했던 사례는 많다.

라파엘로의
한계점이 된 다빈치

문하생의 '스승 따라하기'라고도 부를 수 있는 이러한 현상은 중세 유럽의 화가 라파엘로 산치오Raffaello Sanzio와 그의 스승에게서도 벌어진다. 라파엘로[49, 50, 51, 52]는 르네상스 시대의 이탈리아 화가다. 그의 스승은 우리에게 너무나 잘 알려진 레오나르도 다 빈치Leonardo da Vinci다. 라파엘로는 1483년에 태어나 1520년에 세상을 떠났는데, 다 빈치보다 서른 살 정도 어렸으니 그의 아들뻘인 셈이었다.

라파엘로의 대표작으로는 〈아테네학당Scuola di Atene〉이 있는데, 이는 당시 교황인 율리우스 2세Julius II의 지시를 받아 교황의 서재인 '서명의 방Stanza della Segnatura' 벽면에 그린 그림이다. 고대 그리스 철학자 54명이 모인 모습을 상상해서 그린 작품으로 유명하다. 교황청 서재에도 그림을 남길 정도로 르네상스 시대를 대표했던 화가 라파엘로는 1508년 프레스코 벽화를 그리기 위해 로마로 이주하기 전까지 다 빈치가 거주하는 피렌체에서 몇 년간 지냈다.

그런데 라파엘로의 재능은 그의 스승들로부터 온 것이라고 해도 과언이 아니다. 화가였던 아버지에게 그림을 배우다가 동향인인 티모테오 비테Timoteo Vite에게도 가르침을 받았고, 15세기를 대표하는 화파인 움브리아파Umbrian school의 지도자 피에트로 페루지노Pietro Peruggino에게 도제 수업을 받았다. 라파엘로는 17세가 되던 해인 1500년에 페루지노가 완성한 페루지아 어음교환소의 벽화 중 우의

상像意像을 그렸다. 아직 스무 살도 되지 않은 어린 조수를 과감히 자기 작품에 참여시킨 페루지노의 결단도 놀랍지만, 스승의 기대를 저버리지 않고 제대로 해낸 라파엘로도 대단하기는 마찬가지다. 바티칸미술관에 있는 〈성모대관Crowning of the Virgin〉 같은 작품들은 사람들이 페루지노가 그렸다고 착각할 정도였다고 한다. 페루지노의 화풍을 고스란히 섭렵해낸 라파엘로의 실력을 확인하게 되는 사례다. 그리고 그는 미켈란젤로 부오나로티Michelangelo Buonarroti의 화풍과 다 빈치의 화풍을 모방해 여러 종교화를 그려내기도 했다.

이처럼 문하생이 스승을 따라하면서 때로는 스승의 수준을 넘는 성과를 보이기도 하지만, 스승을 따라하며 생길 수 있는 표절의 위험성을 간과할 수는 없다. 제자가 스승의 것을 그대로 모사해내는 위작 사례가 발생하기도 한다는 이야기다. 스승에게 배우다 보면 화풍이 비슷해지는 것은 당연한 일이라고 치부할 수도 있다. 물론 이를 표절이라고 부르지는 않는다. 여기서 말하려는 것은 진짜로 오인받는 가품을 만드는 사람이 때로는 원저작자에게 배운 제자였을 수 있다는 것이다. 표절의 유혹을 받는 일차적인 사람은 유명한 스승에게 배운 제자들 중에서 발견될 수 있다는 점을 경고하는 것이다.

스승의 곁을 떠나게 하라

어느 날, 한 지인과 대화를 나누었다. 그는 내로라하는 재능을 지닌 우리 시대의 천재였다. 그는 이렇게 말했다.

"문하생을 키운다는 것은 로봇을 만드는 것과 같아. 그래서 난 문하생을 두지 않아."

"그게 무슨 이야기야?"

내가 묻자 그가 다시 답했다.

"생각해 봐. 잘 나가던 천재가 있어. 그 천재가 순식간에 2등으로 물러앉는 순간이 오는데, 그게 누구 때문인지 알아? 모두 그 천재가 키운 수제자 때문이야. 스승이 무너지는 것은 제자 때문이라고."

"제자가 스승을 이긴다고?"

"청출어람靑出於藍이라고 하지? 틀린 말이 아니야. 제자가 스승보다 뛰어나다는 것이지. 그 말이 무슨 뜻이겠어? 제자가 스승의 모든 것을 배우고, 스승이 모르는 것까지 할 수 있게 된다는 소리야."

"제자가 잘되면 좋잖아? 스승으로서 보람도 생길 것이고."

"스승으로서의 보람이란 제자들이 지어낸 말이야. 세상에 어느 천재가 2인자 되는 것을 원하겠어? 제자가 스승보다 더 잘한다고? 그 말을 뒤집어 생각해보면 스승의 틈새를 보고 제자가 잡아챈다는 뜻 아닐까?"

이 지인은 대학 강단에서 불러도, 세미나와 강연 요청이 무수히

들어와도 일절 응하지 않는 사람으로 평이 나있다. 자신에게 배우려면 현장에 오라고 하는 사람이다. 그는 제자를 키우지 않는다고 한다. 제자를 키운다는 것은 스승을 표절하라고 하는 것과 같다고 주장한다. 제자가 되려고 하지 말고 스승과 경쟁자가 되라는 것이다.

그가 다시 말했다.

"생각해 봐. 라파엘로가 다 빈치를 만나서 배우고 미켈란젤로에게도 배우고, 또 다른 당대의 천재 화가들에게도 배웠어. 그랬더니 라파엘로의 실력은 그 스승들의 수준으로 올랐지. 결과는 어때? 라파엘로 학파라고 분파가 생겼단 말이야. 라파엘로는 스승들의 실력을 습득하고 거기에 자기 것을 하나 더 얹어서 새로운 분파를 만든 셈이지. 스승을 표절한 것이라고."

"현재의 것을 답습하고 거기에 자기만의 것을 얹었다면, 바람직한 현상 아닌가?"

"조금 더 깊게 생각해 봐. 라파엘로가 다 빈치에게 배우지 않고 미켈란젤로에게 배우지 않았다면 어땠을까? 라파엘로는 다른 화가들의 작품을 볼 수는 있지만 똑같이 그리는 방법까지는 몰랐을 거야. 그랬다면 그는 자기만의 것, 완전히 새롭고 독창적인 것을 만들어냈을지도 모르지."

"그게 무슨 소리야? 라파엘로는 이미 당대 최고의 화가로 인정받았잖아?"

"거기까지가 전부잖아. 지금은? 지금도 라파엘로가 살아있다면 어땠을 것 같아? 진정한 실력에는 시대를 넘나드는 특성이 있어야 한다고. 중세 유럽 르네상스 시대에만 반짝하는, 당시 트렌드에서만 탁월한 실력이 아니라 시대에 상관없이 인정받고 계속 거론되면서 남들이 넘을 수 없는 그 사람만의 벽이 있어야 하는 것이라고. 그게 진정한 청출어람이지, 스승 따라하는 게 무슨 청출어람인가. 안 그래?"

옳은 말이었다. 반박할 수가 없었다. 얄미운 이 천재에게 질문 하나를 던지기로 했다.

"제자가 스승을 표절한다는 것은 무슨 말이지?"

"스승은 자기를 위해서 아바타, 그러니까 로봇을 키우면 안 된다는 뜻이야. 제자들은 스승의 기술이나 학식을 배우고 싶어 하는데, 그런 것을 직접적으로 가르쳐주지 말고 제자가 스스로 배우도록 해야 한다는 것이지."

"스승이 하는 일이 뭔데? 제자들 가르쳐주는 것 아니야?"

"100명의 제자가 있다고 해봐. 스승이 가르쳐준다고 해서 100명이 똑같이 배울 수 있다면 그게 스승이야? 학원이지!"

"그러면?"

"제자들에게 이래라저래라 하는 식으로, 스승 표절하는 방법을 가르쳐주지 말고 제자들이 스스로 스승의 것을 배울 수 있게 힌트만

주면 족하는 거야. 제자들이 알아서 학습하도록 하는 것이지."

"그러면 뭐가 좋은데?"

"스승에게 다 배우고 나서 배울 것이 없을 때가 오면 스승의 곁을 떠나겠지."

"안 좋은 거 아냐?"

"스승보다 더 큰 스승을 찾아가는 거야. 더 큰 스승이 없다면 자기만의 것을 찾기 시작하겠지. 어차피 스승에게 배운 것이라고는 자기만의 것을 찾는 방법뿐이니까. 그래야만 제자들에게도 좋고, 스승으로서도 좋지."

잘 이해되지 않는 점이 있었다. 스승이 가르쳐주는 것과 제자가 스스로 배우는 것의 차이는 무엇이란 말인가? 내 표정을 빤히 보던 이 천재는 이제 남의 속마음 읽는 법까지 터득한 듯했다. 내가 궁금해하는 것을 적절한 시기에 일러주니 말이다.

"스승이 제자에게 이건 이렇게 한단다, 저건 저렇게 한단다 알려주면 제자는 '네네.' 하면서 그대로 배우지. 스승을 표절하는 방법을 배우는 거야."

"그렇겠지."

"그러면 발전이 없어. 그렇지만 스승이 제자에게 '이렇게 하려면 어떻게 해야 좋을까?', '저렇게 하려면 어느 방법이 있을까?' 하고 생각하게 해줘봐."

라파엘로는 모방의 전문가?

"제자들이 자기 나름의 방법을 찾겠지."

"그렇지. 그런데 제자들이 찾은 그 방법이 스승도 모두 알고 있는 방법일까? 스승도 모르는 것이 있어. 제자들이 스승보다 더 좋은 방법을 찾을 수도 있거든. 그러면 이때가 바로 스승을 넘어서는 순간인 거야. 제자들이 스승을 이기는 순간인 거지. 스승을 표절하는 것이 아니라 제자들이 창작을 하는 것이지."

라파엘로가 이 이야기를 들었다면 어떤 반응을 보였을까? 당시 교회의 부름으로 벽화를 그린 라파엘로. 최고의 천재적 재능을 지녔고 당대에 인정받는 화가였다고는 하지만, 그것은 그때뿐 아닌가? 라파엘로가 스승들에게서 따라하는 방법을 배우지 않고 자기만의 것을 창작하는 방법부터 배웠다면 어떤 결과가 발생했을까? 라파엘로가 지금 이 순간에도 모든 후배 화가들의 스승으로 남아있을지 모르는 일이었다.

/ 참 고 문 헌 /

들어가며 – 표절의 전성시대에 사는 우리가 떠올려야 할 질문

1. 〈표절〉, doopedia, www.doopedia.co.kr/doopedia/master/master.do?_
   method=view&MAS_IDX=101013000963333

1장. 산에 사는 호랑이가 대나무 숲으로 간 까닭은?

2. 장상인, 〈조선 호랑이 사냥꾼 가토 기요마사(加藤淸正)〉, 2015.2.13., 조선pub,
   pub.chosun.com/client/news/viw.asp?cate=C03&mcate=m1005&nNewsNu
   mb=20150216656&nidx=16657

3. 채현희, 〈가토 기요마사와 울산성 전투에 관한 고찰〉, 2010.

4. 김시덕, 《그들이 본 임진왜란》, 2012, 학고재.

5. 김윤구, 〈일본인 "한국 호랑이 멸종시킨 것 부끄러워"〉, 2009.12.15., 연합뉴스,
   news.naver.com/main/read.nhn?mode=LSD&mid=sec&sid1=102&oid=001&
   aid=0003026806

2장. 니체는 쇼펜하우어의 복제품인가?

6. 편집부, 《파퓰러음악용어사전》, 2002, 삼호뮤직.

7. 편집부, 《클래식음악용어사전》, 2001, 삼호뮤직.

8. 오지희, 〈클래식 음악에도 표절이 있을까〉, 2015.7.1., 대전일보, 22면.

9. 소영일, 《위험한 행복》, 2010, 지구문화사.

10. 다우어 드라이스마, 《망각》, 이미옥 역, 2015, 에코리브르.

11. 조정선, 〈창작과 모방, 그리고 표절〉, 2012.5.21., PD저널, www.pdjournal.com/
    news/articleView.html?idxno=35076

12. 브라이언 매기, 《트리스탄 코드》, 〈8장 바그너, 쇼펜하우어를 발견하다〉, 김병화 역,
    2005, 심산.

13. 브라이언 매기, 《사진과 그림으로 보는 철학의 역사》, 145쪽, 박은미 역, 2002, 시
    공사.

14. 카를 구스타프 융, 《카를 융 기억 꿈 사상》, 133~134쪽, A. 야페 편, 조성기 역, 2007,

김영사.

15. 아르투르 쇼펜하우어, 《의지와 표상으로서의 세계》, 권기철 역, 2008, 동서문화사.

4장. 애플의 아이맥과 닮기만 해도 죄?

16. 오동희, 〈애플 10년전부터 韓 기업 '트레이드 드레스' 소송〉, 2012.9.10., 머니투데이, 1면.

5장. 가요계의 톱스타, 왜 최정상에서 은퇴했을까?

17. 김상충, 〈베사메 무쵸 (Besame Mucho)〉, 2013.3.15., 매일신문, www.imaeil.com/sub_news/sub_news_view.php?news_id=12914&yy=2013

6장. 고고학계의 천재 학자, 사기꾼으로 추락하다?

18. 최승필(글), 이창우(그림), 《세상이 깜짝 놀란 우리 역사 진기록》, 2010, 뜨인돌어린이.

19. 박광일, 최태성, 《교과서 밖으로 나온 한국사: 선사~고려》, 2014, 씨앤아이북스.

20. 홍익희, 《동양 경제의 시원 고대 한국》, 2012, 홍익인간.

21. 구본준, 이민아, 〈자랑스러워하라, 조작해서라도!〉, 2000.11.23., 한겨레21, 334호, legacy.h21.hani.co.kr/section-021015000/2000/021015000200011150334041.html

8장. 피카소, 경쟁자의 '여인'을 보고 영감을 얻다?

22. Roland de Chaudenay, 《Les plagiaires》, 2001, Perrin.

23. Hélène Maurel-Indart, 《Du plagiat》, 2011, Gallimard.

24. 〈An Author Is Cleared Of Plagiarism Charges〉, 1990.11.22., The New York Times, www.nytimes.com/1990/11/22/books/an-author-is-cleared-of-plagiarism-charges.html

25. Alex Hamilton, 《Writing Talk: Conversations with top writers of the last fifty years》, 163쪽, 2014, Troubador Publishing Ltd..

26. 최연구, 《빠리이야기》, 168쪽, 1997, 새물결.

27. 김민성, 《그림, 영혼의 부딪힘》, 2014, 알에이치코리아(RHK).

28. 김민희, 〈예술가와 후원자 친구들(1)-거트루드 스타인〉, 2012.8.23., 글로벌이코노믹, www.g-enews.com/ko-kr/news/article/sh/201208230826000008230_1/%5B%EC%98%88%EC%88%A0%EA%B0%80%EC%99%80+%ED%9B%84%EC%9B%90%EC%9E%90+%EC%B9%9C%EA%B5%AC%EB%93%A4%281%29-%EA%B1%B0%ED%8A%B8%EB%A3%A8%EB%93%9C+%EC%8A%A4%ED%83%80%EC%9D%B8.html

29. 우정아, 〈피카소 '거트루드 스타인'〉, 2012.5.29., 프리미엄조선, premium.chosun.com/site/data/html_dir/2012/05/29/2012052967012.html

10장. 청출어람(靑出於藍)의 진짜 뜻은 '스승을 따라하라'?

30. 김희곤, 《스페인은 가우디다》, 2014, 오브제.

31. 김나정, 《안토니 가우디》, 2012, 자음과모음(이룸).

32. 주셉 프란세스크 라폴스, 프란세스크 폴게라, 《가우디 1928》, 이병기 역, 2015, 아키트윈스.

33. 필립 티에보, 《가우디》, 김주경 역, 2006, 시공사.

34. 〈바르셀로나 가이드북〉, 83쪽, 2016.4.5., 투어팁스, www.tourtips.com/ap/guidebook/detail/?bookId=344

11장. 학자의 양심은 어디로 사라졌는가?

35. 이일형, 〈교수 1인당 학술연구논문 발표 수〉, 1996.10.21., 한국대학신문, news.unn.net/news/articleView.html?idxno=15988

36. 〈2015년 QS 세계대학평가 100위 내 대학 중 교수 1인당 논문 피인용 수 세계 3위〉, 2015.9.17., 포항공과대학교, www.postech.ac.kr/2015%EB%85%84-qs-%EC%84%B8%EA%B3%84%EB%8C%80%ED%95%99%ED%8F%89%EA%B0%80-100%EC%9C%84-%EB%82%B4-%EB%8C%80%ED%95%99-%EC%A4%91-%EA%B5%90%EC%88%98-1%EC%9D%B8%EB%8B%B9-%EB%85%BC%EB%AC%B8-%ED%94%BC%EC%9D%B8/

37. 이익, 《나는 모든 것을 알고 싶다》, 김대중 역, 2010, 돌베개.

38. 〈성호사설〉, 성호기념관, seongho.iansan.net/resource/Editorial.jsp?menuId=13004009

39. 류형원, 《반계수록》, 1994, 명문당.

40. 유형원, 《반계수록》, 북한사회과학원 고전연구소 역, 2001, 누리미디어.

13장. 《하멜 표류기》는 하멜이 쓰지 않았다?

41. 헨드릭 하멜, 《하 멜표류기》, 김태진 역, 2003, 서해문집.

42. H. 하멜, 뒤 알드, B. 홀, 《하멜 표류기, 조선전, 조선 서해 탐사기》, 신복룡, 정성자 역주, 1999, 집문당.

43. 강준식, 《다시 읽는 하멜 표류기》, 2002, 웅진지식하우스.

44. 홍순목, 《조선인 박연 上, 下》, 2013, 알에이치코리아(RHK).

45. 〈필사본의 유래〉, 강진군 하멜 캡슐 시스템, www.hamel.go.kr/code/menu1/menu03_1.html

46. 김형훈, 〈"하멜 표류기는 하멜의 생전에도, 사후에도 줄곧 왜곡"〉, 2015.4.14., 미디어제주, www.mediajeju.com/news/articleView.html?idxno=171830

47. 임상섭, 《하늘은 아직도 높고 푸르다》, 2014, 좋은땅.

48. 박광일, 최태성, 《교과서 밖으로 나온 한국사: 삼국시대》, 2015, 씨앤아이북스.

14장. 라파엘로는 모방의 전문가?

49. 임영방 편, 《라파엘로》, 1994, 서문당.

50. 프레드 베랑스, 《라파엘로, 정신의 힘》, 정진국 역, 2008, 글항아리.

51. 김형근, 〈다 빈치 VS 라파엘로 VS 미켈란젤로〉, 2008.6.17., 사이언스타임즈, www.sciencetimes.co.kr/?news=%EB%8B%A4-%EB%B9%88%EC%B9%98-vs-%EB%9D%BC%ED%8C%8C%EC%97%98%EB%A1%9C-vs-%EB%AF%B8%EC%BC%88%EB%9E%80%EC%A0%A4%EB%A1%9C

52. 하진욱, 《조선 르네상스》, 2013, 호메로스.

표절을 대하는
위험한 질문들

초판 1쇄 발행 2016년 10월 10일

지은이 이영호
펴낸이 김동하
책임편집 양현경

펴낸곳 책들의정원
출판신고 2015년 1월 14일 제2015-000001호
주소 (03955) 서울시 마포구 방울내로9안길 32, 2층(망원동)
문의 (070) 7853-8600
팩스 (02) 6020-8601
이메일 books-garden1@naver.com
블로그 books-garden1.blog.me

ISBN 979-11-87604-02-0 03300

- 이 책은 한국출판문화산업진흥원 2016년 〈우수출판콘텐츠 제작 지원 사업〉 선정작입니다.